广东省中小学"百千万人才培养工程"
初中理科名教师培养项目丛书

丛书总主编：于 慧 李晓娟

攀峰悟理

初中物理高阶思维培养研究与实践

罗卓君 著

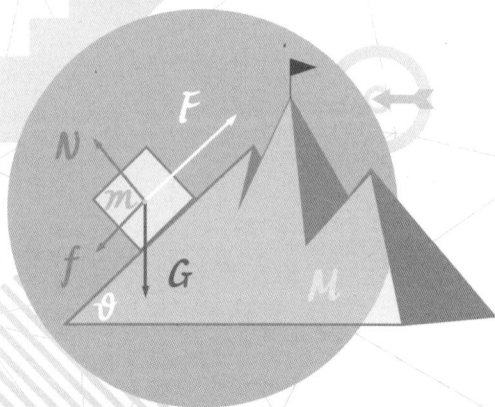

暨南大学出版社
JINAN UNIVERSITY PRESS
中国·广州

图书在版编目（CIP）数据

攀峰悟理：初中物理高阶思维培养研究与实践/罗卓君著．—广州：暨南大学出版社，2024.10
（广东省中小学"百千万人才培养工程"初中理科名教师培养项目丛书/于慧，李晓娟总主编）
ISBN 978 - 7 - 5668 - 3935 - 0

Ⅰ．①攀…　Ⅱ．①罗…　Ⅲ．①中学物理课—教学研究—初中　Ⅳ．①G633.72

中国国家版本馆 CIP 数据核字（2024）第 102124 号

攀峰悟理——初中物理高阶思维培养研究与实践
PANFENG WULI——CHUZHONG WULI GAOJIE SIWEI PEIYANG
YANJIU YU SHIJIAN
著　者：罗卓君

....

出 版 人：阳　翼
统　　筹：黄　球　潘江曼
责任编辑：彭琳惠
责任校对：刘舜怡　黄亦秋
责任印制：周一丹　郑玉婷

出版发行：暨南大学出版社（511434）
电　　话：总编室（8620）31105261
　　　　　营销部（8620）37331682　37331689
传　　真：（8620）31105289（办公室）　　37331684（营销部）
网　　址：http：//www.jnupress.com
排　　版：广州良弓广告有限公司
印　　刷：广州市金骏彩色印务有限公司
开　　本：787mm×1092mm　1/16
印　　张：12.75
字　　数：245 千
版　　次：2024 年 10 月第 1 版
印　　次：2024 年 10 月第 1 次
定　　价：59.80 元

（暨大版图书如有印装质量问题，请与出版社总编室联系调换）

前　言

随着社会的不断进步和知识经济时代的来临，对学习者高阶思维能力的培养日益成为教育领域的重要任务。在初中阶段，学生的认知发展和思维能力形成正处于关键时期。然而，当前初中物理教育存在过于注重知识传授和应试训练，而忽视了学生高阶思维能力培养的问题。学生只停留在死记硬背和机械运算上，缺少对物理概念的深刻理解和应用能力。因此，本书旨在深入探讨初中物理教育中高阶思维培养的策略和方法，为广大教师提供实践指导和教学思路，推动初中物理教育质量的提升。

本书的研究意义主要体现在以下五个方面：

第一，完善了初中物理教育领域在高阶思维培养方面的研究。目前，高阶思维在学生发展过程中的重要性已得到认可，但在初中物理教育中，其具体实施和有效策略仍然欠缺。本书将综合国内外研究成果和教学实践经验，系统总结初中物理教育中高阶思维培养的策略和方法，完善该领域的研究。

第二，为教师实践提供指导和参考。本书深入研究和探索物理学史教学、大单元整体教学、有声思维、开放性作业等多个方面的教学策略，为教师提供具体可行的教学指导和方法。广大教师可以通过本书学习高阶思维培养策略和方法，并将其应用于自己的教学实践中，提高教学质量和效果。

第三，推动教育改革和创新。本书的研究成果将为教育改革和创新提供支持。通过探索和推广适合初中物理教育的高阶思维培养策略和方法，本书有助于提高学生的学习兴趣和参与度，激发他们的学习动力和创造力，促进教育体制的创新和发展。

第四，培养学生的终身学习能力。高阶思维是学生终身学习的关键能力之一。通过培养学生的高阶思维能力，帮助他们培养批判性思维、创造性思维和问题解决能力，本书将为学生的终身学习能力发展奠定基础，使他们能够在日后的学习和工作中不断成长和发展。

第五，对学科教育研究的贡献。本书的研究成果将为学科教育研究提供新的视角和思路，通过研究初中物理教育中的高阶思维培养，可以为其他学科教育的高阶思维培养提供借鉴和参考，促进学科教育研究的交流与发展。

综上所述，本书旨在深入探讨初中物理教育中高阶思维培养的策略和方法，为教师提供实践指导和教学思路，推动初中物理教育质量的提升。本书的意义主要体现在指导实践、推动改革、培养学生终身学习能力和对学科教育研究的贡献等方面。通过本书的研究和实践，笔者期望能够为初中物理教育中高阶思维培养的推进和实施提供有益的理论和实践支持。

本书的内容主要分为以下三个部分：

第一部分为高阶思维：何为，为何，如何。

本部分分四章，详细探讨了高阶思维的概念和特征，阐述了高阶思维对学生发展的益处。同时，介绍了初中阶段作为培养高阶思维的关键时期的重要性，并总结了国内外高阶思维培养的方法。

第二部分为初中物理教学中学生高阶思维培养实践。

本部分分别从物理学史教学促进学生高阶思维的形成、大单元整体教学在高阶思维培养中的应用、有声思维提升学生逻辑推理与批判性思维、开放性作业培养学生创造力与解决问题能力 4 个维度详细介绍了学生高阶思维培养的可行性路径。

第三部分为高阶思维培养的评估反馈和展望挑战。

本部分主要研究了高阶思维培养评估的理论基础和方法，解读和应用评估结果，并探讨教师反馈策略的设计和实施，分享了一些成功的教学实践案例，以帮助教师有效评估学生的高阶思维能力，并提供有针对性的反馈。本部分对初中阶段高阶思维培养的未来发展方向进行了展望，并分析了面临的挑战和应对策略。通过对当前状况与趋势的分析，本部分提供了关于初中阶段高阶思维培养的未来发展方向的思考和建议。

目 录
CONTENTS

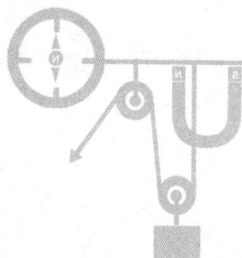

第二编　初中物理教学中学生高阶思维培养实践

第三编　高阶思维培养的评估与反馈及展望与挑战

第一编

高阶思维：何为，为何，如何

第一章　高阶思维的概念和特征

本章将探讨高阶思维的概念和特征，并明确其在学习和问题解决中的重要性。本章的内容将为后续章节对初中物理教育中高阶思维培养的策略和方法进行探讨与研究提供理论基础和认识框架。

第一节　高阶思维的概念界定

高阶思维是指学生在学习和解决问题的过程中，通过深入思考、综合分析和创造性思维，能够形成独立的判断和解决方案的思维方式。这种思维模式相较于低阶思维，强调对深度理解、批判性思维、创造性思维和综合性思维等高级认知能力的运用。高阶思维通常产生于对事实与想法进行应用、分析、综合、概括、假设并由此得出结论的过程中，其概念难以被清晰界定。高阶思维是一个有机综合体，其组成要素学界说法不一，我们从不同侧面和视角对其展开探讨。

高阶思维可以从分层次的角度界定，其中布鲁姆（Bloom）教育目标分类法较被广泛接受。

安德森（Anderson）和克拉斯沃尔（Krathwohl）在 2001 年出版了 *Taxonomy for Learning*，*Teaching*，*and Assessing*：*A Revision of Bloom's Taxonomy of Educational Objectives* 一书，他们对布鲁姆教育目标分类法进行了修订。这本书提出了一个新的认知域分类体系，即安德森和克拉斯沃尔的认知域分类。

在他们的分类体系中，高阶思维是在认知层次上较高的一类思维能力，与低阶思维相对应。安德森和克拉斯沃尔界定的认知域分类共分为六个层次（见图 1 -1），按照认知复杂性和抽象程度逐步上升，分别是：

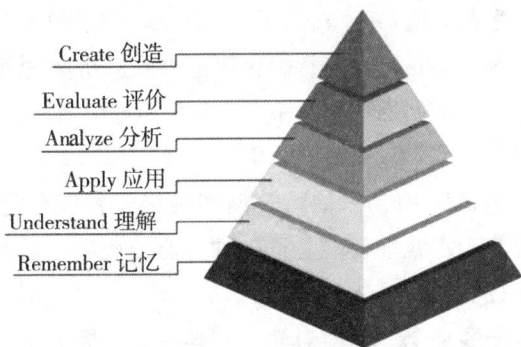

图 1 - 1　安德森和克拉斯沃尔的认知域分类

记忆（Remember）：学生能够回忆和记忆已学过的知识和概念，例如重复、背诵、复述等。

理解（Understand）：学生能够理解所学知识的意义和内涵，能够解释、总结和归纳知识。

应用（Apply）：学生能够将所学知识应用于实际情境中，解决简单问题。

分析（Analyze）：学生能够分解和分析问题，识别其中的组成部分和关系，并进行比较和归类。

评价（Evaluate）：学生能够评估和判断信息的可靠性和有效性，以及比较不同观点和解决方案。

创造（Create）：学生能够独立创造新的想法、观点和解决方案，展示出创造性思维和创新能力。

在这个分类体系中，高阶思维主要体现在分析、评价和创造这三个层次上。学生能够独立分析问题，将问题拆解为更小的部分，并找出其中的关联和模式；能够综合不同来源的信息和观点，形成全面且深刻的理解；最终，能够运用所学知识和思维能力创造性地解决问题，提出新的解决方案。

北京师范大学王秋雁教授认为高阶思维是学生运用复杂的认知能力和思维策略，通过深入思考和创造性思维，形成独立的判断和解决方案的思维能力。她强调了高阶思维对学生的批判性思维、创造性思维和综合性思维等能力的培养。

中国教育科学研究院李晓华研究员则认为高阶思维是学生在学习和思考过程中，通过运用复杂的认知策略，从多个角度分析问题，形成深刻的理解，并能够独立进行创造和创新的思维模式。

其他研究者则以组成要素的方式对高阶思维进行界定，其做法通常是列举出常见高阶思维的构成种类。

比较有代表性的观点是：美国著名的认知心理学家和教育学家罗伯特·斯滕伯格（Robert J. Sternberg）在对智力、创造力和解决问题等方面进行了深入的研究后，提出了"三元智能理论"和"成功智能理论"，并将高阶思维划分为几个关键组成部分。

在"三元智能理论"中，罗伯特·斯滕伯格将智能分为三种类型：分析性智能、创造性智能和实践性智能。这三种智能类型反映了人类在不同情境下解决问题和应对挑战的能力。

分析性智能，指的是个体在面对学术和学校中的标准化任务和问题时的表现。这种智能强调的是分析、逻辑推理、综合整合和知识应用的能力。

创造性智能，指的是个体在面对新颖、独特和创造性任务时的表现。这种智能强调的是创造新的解决方案、独特的观点和创意的能力。

实践性智能，指的是个体在现实生活实践中的表现。这种智能强调的是解决日常问题、适应环境和应用知识的能力。

在"三元智能理论"的基础上，罗伯特·斯滕伯格在 1997 年提出"成功智能理论"，强调了高阶思维的重要性，将高阶思维看作成功的关键要素。他将高阶思维划分为四个部分：批判性思维、创造性思维、解决问题以及更高层次的元认知。

批判性思维，指的是个体对信息和观点进行评估和分析的能力。这包括识别和解决问题中的逻辑漏洞，对证据和论据进行评估，并形成客观和全面的判断。

创造性思维，指的是个体产生新的想法、观点和解决方案的能力。这包括从不同角度和领域进行思考，提出新颖的观点和创新的解决方案。

解决问题，指的是个体运用认知和情感资源来解决复杂问题的能力。这包括运用不同的策略和方法，从多个角度思考问题，找到有效的解决途径。

元认知，指的是个体对自己的认知过程进行监控、调节和控制的能力。这包括对自己的思维和学习进行反思和评估，以及采取措施来改进学习和解决问题的效果。

总的来说，罗伯特·斯滕伯格认为高阶思维是成功智能的关键要素，它包括批判性思维、创造性思维、解决问题以及更高层次的元认知。这些高阶思维能力使个体能够适应复杂多变的问题和挑战，促进学习和生活的全面发展。

不同思维层次或思维种类之间并不是截然不同的关系，而是互相包含、各有侧重的；只有让不同思维层次、不同思维类型相互配合，才能构建有深度的认知。

本书以布鲁姆教育目标分类法作为高阶思维构成成分的基础，同时参考罗伯特·斯滕伯格的分类，增加了"反思能力"一项，总结出：高阶思维是指学生在学习和问题解决过程中，运用复杂的认知能力和思维策略，形成深入理解、批判性思维、创造性思维、综合性思维、逻辑推理和反思能力等思维方式。高阶思维的培养不仅强调知识的掌握，更注重学生的深度思考、批判性分析和创造性思维，以培养学生全面发展和终身学习的能力，使其能够适应复杂多变的现实挑战和未来的知识经济时代的需求。高阶思维的范畴十分广泛，包含多个认知能力和思维过程，主要有以下几个方面：

批判性思维：学生通过对信息和观点进行分析、评估和判断，具备对信息准确性、逻辑性和可靠性进行评估的能力，以及对观点和论证进行逻辑推理和批判性分析的能力。

创造性思维：学生能够产生新的想法、观点和解决方案，包括通过对问题不同角度和视角的思考，以及运用联想、类比和模拟等方法来产生创新的思维和创意。

综合性思维：学生能够将多个概念、知识和观点整合起来，形成整体性的理解和思考，包括将不同领域的知识和概念进行连接和关联，以及将各个部分整合成一个完整的思维框架。

逻辑推理：学生能够运用逻辑规则和推理方法来推导出结论和解决问题，包括识别和应用逻辑规律，进行演绎推理和归纳推理，以及运用推理链和证据来支持观点和论证。

反思能力：学生能够对自己的思维过程和学习经验进行深入反思和评估，包括对自己的假设、观点和行动进行审视和调整，以及从错误和失败中吸取教训和经验。

这些高阶思维能力相互交织、相互促进，在学习和问题解决中，学生需要综合运用这些能力，以全面理解和解决复杂的问题。

高阶思维对学生的学习和发展具有重要的意义，不仅能够提高学生的学科学习成绩，还能培养学生的创新能力、问题解决能力和终身学习能力。通过培养高阶思维，学生能够更好地适应知识经济时代的需求，具备批判性思维、创造性思维和综合性思维等核心能力，为他们未来的学习、工作和生活奠定坚实的基础。

第二节　高阶思维的核心特征

对于高阶思维的特征，最具代表性的是雷斯尼克（Resnick）的观点（见图1-2）。

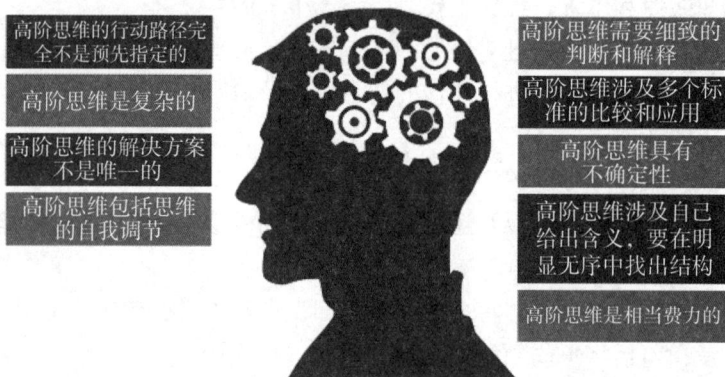

图1-2　雷斯尼克提出的高阶思维特征

高阶思维是指学生在学习和问题解决过程中运用复杂的认知能力和思维策略，以深入理解、分析和解决问题的思维方式。高阶思维相较于低阶思维，具有以下特点：

一、深度思考和理解

高阶思维注重对问题和概念的深入思考和理解。学生通过提出问题、追寻问题的本质和原理，以及探索事物之间的联系和关系，实现对知识的深度理解。他们不仅仅停留在表面的知识掌握，而是努力探索知识的内涵和外延，从而形成全面而深刻的思维。

二、批判性思维和分析能力

高阶思维要求学生具备批判性思维和分析能力。学生能够对信息和观点进行评估和分析，审视其逻辑性、合理性和可靠性。他们能够辨别事实和观点之间的差异，识别和纠正错误的逻辑和论证；具备挑战和质疑传统观点的能力，能够从多个角度思考问题，形成独立的判断和观点。

三、创造性思维和创新能力

高阶思维强调学生的创造性思维和创新能力。学生能够独立思考，提出独特的观点和解决方案，以及将不同领域的知识和概念进行结合和创新。他们具备发散性思维，能够产生新的想法和创意，提出创新性的解决方案。学生通过创造性思维，能够在复杂的问题中寻找新颖而有效的解决途径。

四、综合性思维和跨学科能力

高阶思维要求学生具备综合性思维和跨学科能力。他们能够将不同领域的知识和概念进行整合与关联，形成全面而综合的思维。学生能够运用不同学科的概念和方法，解决复杂的问题。他们能够将各个学科的知识和技能进行整合，形成跨学科的思维和解决能力。

五、逻辑推理和问题解决能力

高阶思维强调学生的逻辑推理和问题解决能力。学生能够运用逻辑规则和推理方法来推导出结论或解决问题。他们能够辨别和分析问题中的逻辑关系，运用证据和例证来支持自己的观点和论证。学生能够运用灵活的问题解决策略，在面对复杂的问题时能提出有效的解决方案。

高阶思维的特点使学生能够更深入地思考问题，具备批判性思维、创造性思维、综合性思维、逻辑推理和反思能力等重要能力。这些特点不仅对学生在学术领域的表现有着积极影响，还为他们在实际生活和职业发展中提供优势。因此，培养学生的高阶思维能力是教育的重要目标之一。

第二章　高阶思维对学生发展的益处

高阶思维对学生的发展有益，它与学科能力密切相关，能促进学科学习和问题解决能力的提升。此外，高阶思维对终身学习和职业发展意义深远，能够帮助个体深入探索不同领域的知识，应对复杂挑战，发展创新、领导和跨文化交流能力。教师应重视培养学生高阶思维，助力他们全面发展和在未来取得成功。

第一节　高阶思维与学科能力的关系

高阶思维与学科能力之间存在着密切的关系。高阶思维的发展可以促进学生在各个学科领域的学习和表现，对学生学科发展有着积极影响。

一、深入理解学科知识

高阶思维能够帮助学生深入理解学科知识。通过深度思考和分析，学生能够掌握学科知识的本质和内涵，理解基本概念和原理。高阶思维帮助学生建立起对学科知识的系统性和整体性理解，从而提高学习效果和水平。高阶思维能力对学科学习的深度理解起到关键作用。通过深入思考和分析，学生能够对学科中的概念和原理有更深刻的理解，发现学科知识之间的联系和内在逻辑。这种深度理解使学生能够灵活应用学科知识解决复杂问题，并将学科知识应用于实际情境中。

二、解决复杂问题

高阶思维能够帮助学生解决复杂的学科问题。它注重培养学生的分析和综合能力，使学生能够从多个角度思考问题，发现问题的本质和内在联系。学生通过运用创造性思维和批判性思维，能够提出新颖的解决方案和观点。高阶思维能够帮助学生克服学科学习中的困难和挑战，培养他们独立思考和解决问题的能力。

当学生具备高阶思维能力时，他们在学科学习中表现出更强的理解能力、分析能力和创新能力。以下几个例子，展示了高阶思维与学科能力之间的关系。

数学中的问题解决：高阶思维能力使学生能够运用逻辑推理、创造性思维和综合性思维来解决数学问题。例如，在解决复杂的几何问题时，学生需要深入理解几何原理，分析问题的结构和关系，运用逻辑推理来推导出解决方案。通过运用创造性思维，他们能够找到不同的解决途径，并能够将数学知识与实际情境相结合，提出创新的解决方案。

科学学科中的实验设计：高阶思维能力使学生能够设计复杂的科学实验并进行深入的分析。在进行科学实验时，学生需要运用批判性思维，评估实验方法的可靠性和有效性。他们能够分析实验结果，识别变量之间的关系，并通过逻辑推理得出科学结论。同时，学生还能够综合运用不同学科的知识和概念，为科学实验提供全面的解释和理解。

语文的文本分析：高阶思维能力使学生能够进行深入的文本分析和解读。在阅读文学作品时，学生需要从多个角度思考和分析文本的主题、情节和人物。他们能够运用批判性思维，评估作者的观点和意图，并运用综合性思维探究不同文本之间的联系和共性。通过创造性思维，学生能够提出不同角度的解读和解释，并发表独特的文学见解。

历史学科中的事件解读：高阶思维能力使学生能够对历史事件进行批判性和综合性思考。在研究历史事件时，学生需要评估不同的历史资源和文献资料的可靠性和可信度。他们能够通过综合分析和比较，得出对历史事件的深入理解和解释。通过创造性思维，学生能够提出新的历史解释和观点，并将历史事件与现实世界联系起来，进行有意义的反思和讨论。

以上例子表明，高阶思维能力与学科能力之间存在密切的关系。高阶思维使学生能够在学科学习中运用深度思考、批判性思维、创造性思维和综合性思维等能力，从而提升学科学习成绩和综合能力。教师应注重培养学生的高阶思维能力，并将其纳入学科教学中，以促进学生的全面发展和学科能力的提升。

第二节　高阶思维的终身学习和职业发展意义

高阶思维不仅在学科学习中发挥重要作用，还对个体的终身学习和职业发展具有深远的意义。当个体具备高阶思维能力时，他们能够在终身学习和职业发展中展现优势，对个体的全面成长有着积极影响。下面通过几个例子来阐述高阶思维在终身学习和职业发展中的意义。

终身学习：高阶思维能力使个体能够深入探索各种领域的知识和技能。一名具备高阶思维能力的学生在学习一门新的语言时，他不仅会记忆词汇和语法规则，还会通过深入思考语言的结构和文化背景，掌握其真正的应用方式。他们能够自主学习，挑战自我，并将所学应用于实际情境中，提高学习效率。高阶思维培养了个体的探索精神和自主学习能力，使其在终身学习的道路上持续成长。

职业发展：高阶思维能力使个体能够在职业生涯中应对复杂的挑战。一名具备高阶思维能力的专业人士在解决问题时能够采用全面的思维方式。他们能够分析和理解问题的多个维度，发现问题背后的核心因素，并提出独特而创新的解决方案。这种能力使他们能够在团队中发挥领导作用，推动组织发展，并在职场中获得成功。高阶思维培养了个体的领导才能和创新意识，为其职业发展带来更广阔的发展空间。

创业精神：高阶思维能力对于具有创业意愿和精神的个体尤为重要。一位具备高阶思维能力的创业者能够看到市场中的机遇，并有能力提出创新的商业模式和解决方案。他们能够跳出传统思维模式，运用批判性思维和创造性思维，发现新的商业机会，并将成功地运营企业。高阶思维培养了个体的创新意识和决策能力，助力其成为优秀的创业者。

跨文化交流：在全球化的时代，跨文化交流能力对于终身学习和职业发展至关重要。一位具备高阶思维能力的国际交流者能够在不同文化背景下进行有效的沟通和合作。他们能够运用批判性思维理解和尊重不同文化的差异，通过综合性思维寻找共同点，并通过创造性思维建立创新的合作方式。高阶思维培养了个体的跨文化交流能力和包容性，使其在跨国交流中能够与世界各地的人进行良好的互动。

以上例子说明了高阶思维在终身学习和职业发展中的重要性。高阶思维能力使个体具备深入思考和分析问题的能力，促进创新和跨学科思维，提高自主学习能力和问题解决能力。在终身学习和职业发展的过程中，高阶思维能力使个体能够获得更广阔的发展机会，并在不同领域中取得成功。因此，教师应重视培养学生的高阶思维能力，并将其纳入学科教学中，以推动学生全面发展和在未来各个领域的成功。

第三章　初中阶段是培养高阶思维的关键时期

初中阶段，学生的认知发展有如下特点：抽象思维的发展、逻辑思维的增强、多元思维的发展、自主学习能力的提升以及情感和社会认知的发展。高阶思维培养在此时具有重要优势，包括提升学习能力、培养批判性思维、激发创造力、培养自主学习能力、增强问题解决能力、培养终身学习习惯、促进领导和解决问题能力、增强学习动机和自信心等。广东实验中学的创新思维训练计划证明了通过高阶思维培养，学生在创新能力、学科成绩、问题解决能力和自信心等方面取得了显著的进步，进一步支持了初中阶段培养高阶思维的必要性。

第一节　初中阶段学生认知发展的特点

初中阶段是学生认知发展的重要时期，也是培养高阶思维能力的关键时期。在这一阶段，学生经历了从儿童到青少年的过渡，其认知能力和思维方式发生了显著的变化。教师了解初中阶段学生认知发展的特点，对于有效培养他们的高阶思维能力具有重要意义。

北京理工大学杨东平的研究聚焦于儿童和青少年的认知发展和学习能力。他的著作《儿童心理学》和《发展心理学》等探讨了初中生思维发展的特点和影响因素。

杨东平的研究表明：初中阶段学生认知发展的特点包括抽象思维的发展、逻辑思维的增强、多元思维的发展、自主学习能力的提升以及情感和社会认知的发展。

抽象思维的发展：初中阶段学生逐渐具备抽象思维的能力。他们能够从具体的事物中提取共性特征，形成抽象的概念和概括性的思维。这种抽象思维能力使他们能够理解和应用学科中的抽象概念和原理，建立更深入的学科理解。

逻辑思维的增强：初中阶段学生的逻辑思维能力逐渐增强。他们能够辨别事物之间的因果关系、逻辑关系和推理关系，能够进行逻辑推理和推断，运用逻辑思维解决问题。这种逻辑思维能力是培养高阶思维的重要基础。

多元思维的发展：初中阶段学生开始具备多元思维的能力。他们能够从不同的角度思考问题，考虑多种解决方案，并能够比较和评估不同方案的优缺点。这种多元思维能力使他们能够灵活应对学科学习中的复杂问题，培养创新和批判性思维。

自主学习能力的提升：初中阶段学生的自主学习能力逐渐提升。他们能够主动规划学习任务，制订学习计划，并运用不同的学习策略进行学习。他们能够通过思考和探索来解决问题，主动获取知识和信息，培养自主学习的习惯和能力。

情感和社会认知的发展：初中阶段学生的情感和社会认知能力也在发展中。他们开始关注自我认同、人际关系和社会规范等问题。这种情感和社会认知的发展为培养高阶思维提供了情境和情感支持，促进了他们对学科知识的深入理解和应用。

杨东平的研究为广大教师提供了深入理解初中生思维发展的视角，为教育实践提供了重要的参考和指导，帮助教育者更好地设计和实施教学策略，促进初中生高阶思维能力的培养。

教育心理学家傅斌关注学生的思维发展和学习策略。他的研究涵盖了初中生的思维发展特点、学习困难的原因与策略、自主学习的培养等方面。

初中生思维发展特点：在初中阶段，学生的思维发展呈现出明显的特点。他们逐渐具备了抽象思维的能力，能够从具体的事物中提取共性特征，进行抽象思考。同时，他们的逻辑思维能力也得到了增强，能够运用逻辑推理解决问题。

初中生学习困难的原因：初中生学习困难的原因是多方面的。除了个体差异和学习动机等因素外，教学内容的难度大、教学方法的不合理、学习资源的匮乏等因素也可能导致学习困难的出现。

学习困难的策略：傅斌的研究着重探讨了帮助初中生克服学习困难的策略。他提出了一系列的教学策略和干预措施，包括个性化教学、启发式教学、合作学习、评价与反馈等。这些策略旨在激发学生的学习兴趣、提升学习动机，帮助他们克服困难，提高学习效果。

自主学习的培养：傅斌强调了培养学生自主学习能力的重要性。他认为，通过培养学生的自主学习能力，可以帮助他们更好地处理学习困难，提高学习自信心和动力。

傅斌的研究结果为教育者提供了深入理解初中生思维发展和学习困难的视角。他的研究成果为教育实践提供了重要的参考，帮助教育者了解学生的思维特点和学习困难，设计相应的教学策略和干预措施，促进初中生高阶思维能力的培养和学习困难的克服。

笔者结合自身近 20 年的初中教育教学经历，将初中阶段学生认知发展总结为：

（1）认知能力的提升。在初中阶段，学生的认知能力得到显著提升。他们开始具备抽象思维的能力，能够理解更加抽象和复杂的概念，同时开始运用逻辑推理和问题解决的策略。这种认知能力的提升为学生更高层次的学习和思维活动奠定了基础。

（2）自主学习能力的发展。初中阶段的学生逐渐培养起自主学习的能力。他们开始学会自我规划学习任务，制定学习目标，并能够采用不同的学习策略。这种自主学习能力的发展使得学生在学习过程中更加主动和自觉，能够更好地适应高中和大学的学习要求。

（3）知识的积累和整合。初中阶段学生学会将经过不断积累的不同领域的知识进行整合，形成更加全面和综合的认知结构。这种知识的积累和整合为学生在解决实际问题和应对复杂情境时提供了更强大的认知支持。

（4）对他人和社会的理解。随着年龄的增长，初中阶段学生开始更加关注他人和社会问题。他们的社会认知能力得到发展，能够更好地理解他人的情感和想法，并开始思考社会问题和公平正义等议题。

（5）孤立思维向合作思维的过渡。初中阶段学生的思维方式从孤立、以自我为中心逐渐过渡到合作思维。他们开始更多地与同伴进行合作学习，能够在集体中开展讨论和团队项目，这种合作思维对于培养学生的团队合作能力和沟通能力非常重要。

（6）对未来的规划。初中阶段学生开始对未来有更多的规划和设想，包括对职业的展望和学业规划。他们开始思考自己的兴趣爱好和职业志向，并为实现这些目标制订初步的计划。

以上特点为培养学生的高阶思维能力提供了良好的基础。初中阶段是学生认知发展的关键时期，他们在这个阶段经历了诸多认知能力的提升和转变。这些认知特点的研究为教师、家长和决策者提供了重要的参考，帮助我们更好地了解和支持初中学生的成长与发展。同时，这些研究也有助于优化教育教学策略，促进初中学生全面发展。教师应充分了解初中阶段学生的认知发展特点，并针对这些特点设计和实施有效的教学策略，促进学生高阶思维能力的培养。

第二节 高阶思维在初中阶段的重要性

根据教育心理学家和研究人员的数据，初中阶段是学生认知能力快速发展的时期之一。在这个阶段，学生的大脑神经连接密度和可塑性显著增强，因此更容易接受新的知识和思维训练。经过高阶思维训练的初中学生相比于未经过此类训练的学生，在解决问题、创造性思维和批判性思维等方面表现更为优异。针对初中阶段学生认知发展的特点，在这个阶段培养学生的高阶思维能力具有以下重要的优势和潜力：

（1）提升学习能力。初中阶段的学生正处于认知能力快速发展的时期，他们的大脑处于高度敏感和可塑阶段。因此，他们可以更容易地吸收和应用高阶思维，促进知识的深入理解。

（2）培养批判性思维。高阶思维鼓励学生从不同角度去审视问题，并学会质疑、分析、评估和解决问题。通过培养批判性思维，初中学生能够更好地应对复杂的学科内容和现实生活中的挑战。

（3）激发创造力。高阶思维要求学生创造性地应用知识和解决问题，这有助于激发他们的创造力。初中学生的想象力和创新能力在这个时期都处于高峰，通过高阶思维的培养，他们可以将创造力转化为实际行动。

（4）培养自主学习能力。高阶思维强调学生主动思考、探索和学习，有助于培养他们的自主学习能力。这种自主学习能力使学生能够独立解决问题，主动获取知识，更好地适应未来学习和工作的需求。

（5）提升问题解决能力。高阶思维鼓励学生在面对问题时运用逻辑、推理和创新的方法来解决，而不是简单地记忆和复制答案。这种能力对于学生未来在职业和生活中面对各种挑战至关重要。

（6）培养终身学习的习惯。高阶思维不仅是一种学习方法，更是一种思维方式和习惯。在初中阶段培养高阶思维能力，有助于学生形成终身学习的态度和习惯，持续提升自己的知识和技能。

（7）培养领导能力。高阶思维要求学生在学习和生活中具备一定的领导能力。初中阶段是培养此类领导能力的重要阶段，有利于学生日后在社会中更好地适应和成长。

（8）增强学习动机和自信心。通过初中阶段的高阶思维训练，学生更容易在解决复杂问题和应对挑战时取得成功，这将增强他们的学习动机和自信心，对学习产生积极的影响。

初中阶段学生接触高阶思维，将能够培养快速学习能力、批判性思维、创造力、自主学习能力、问题解决能力、终身学习习惯、领导能力、学习动机和自信心等。

笔者在所任教的学校开展了一个名为"创新思维训练计划"的校本选修课程，旨在培养学生创新思维和解决问题的能力。该项目持续了两年，参与者为初中二年级的学生。

在项目开始前，学校对学生的创新思维能力进行了评估，并记录了学生的学业成绩。项目分为实验组和对照组，实验组的学生接受了创新思维训练，而对照组的学生按常规进行教学。

在项目结束后，学校再次对所有学生进行了创新思维能力的评估，并比较了两组学生的成绩变化，发现实验组学生有如下进步：

创新思维能力提升。实验组的学生在创新思维能力评估中表现出明显的提升。他们更加擅长提出独特和富有创意的解决方案，能够运用多种思维策略来解决问题。

学科成绩提高。实验组学生在数学、科学和语言等学科的考试成绩表现出明显的提高。他们在应用知识解决问题时更有创造性，从而取得了更好的成绩。

问题解决能力增强。实验组的学生在解决实际问题和复杂情境中表现出更强的能力。他们能够更系统地分析问题，提出创新的解决方案，并有效地执行计划。

自信心提升。实验组的学生在项目结束后表现出更高的自信心。他们相信自己有能力面对新的挑战和问题，并相信自己能够找到解决方案。

通过这个案例，我们可以看到初中阶段培养高阶思维的重要性。通过"创新思维训练计划"，学生的创新能力得到提升，同时，学生也在学科成绩、问题解决能力和自信心等方面得到了显著的改善。这表明初中阶段是培养高阶思维的关键时期，通过适当的培养和训练，学生能够更好地应对未来的挑战并取得成功。

第四章　高阶思维培养的国内外做法

对于高阶思维是否能够培养以及如何培养这一问题，国外早有学者做出了回应，哈佛大学心理学教授戴维·珀金斯（David Perkins）指出，学习者的高阶思维能力是可以通过合适的教学策略和学习环境培养与训练的，同时，他还指出教师应该意识到发展学习者高阶思维能力的重要性，不同学科的教师应该勇于尝试，将高阶思维培养与自身所教学科相融合。

第一节　国外高阶思维培养的研究和实践

一、问题解决式学习（Problem-based Learning，PBL）

PBL 是一种以问题为核心的学习方法（见图 4 - 1），旨在培养学生的批判性思维、创造性思维和解决问题能力。它强调学生通过自主探究、团队协作和反思评估来解决真实世界或模拟情境中的复杂问题。PBL 的过程通常包括以下步骤：

（1）提出问题：教师提出一个真实或虚构的问题，引起学生的兴趣和好奇心。这个问题通常涉及跨学科的知识和技能，并要求学生进行深入的思考和调查。

（2）团队合作和自主学习：学生以小组形式合作，共同探索和解决问题。他们需要独立收集和整理信息，提出假设并设计实验或研究来验证这些假设。学生在团队中相互交流、讨论和分享想法，激发批判性思维和创造性思维。

（3）指导和支持：教师在学生的学习过程中担任指导和支持的角色。他们提供必要的资源、背景知识和指导，引导学生深入思考、解决问题和应用所学的知识。

（4）解决问题和评估：学生根据收集到的信息、进行的实验或研究，提出解决问题的策略和方案，再进行评估和反思，验证和修改他们的解决方案，并就其有效性进行讨论和辩论。

图 4 – 1　问题解决式学习

　　PBL 的优势在于培养学生的自主学习能力、批判性思维和合作技能。面对复杂问题的挑战，学生的思考和研究能力被激发，发展解决问题的能力和创新思维。此外，PBL 还可以提高学生的动手能力、沟通技巧和团队合作精神。在国际上，PBL 已被广泛应用于各个学科和教育层级。它有助于将学科知识与实际问题联系起来，培养学生的实际应用能力，使他们为未来学习和职业发展做好准备。

二、项目式学习（Project-based Learning，PjBL）

　　PjBL 注重鼓励学生通过参与实际项目来应用和发展高阶思维能力（见图 4 – 2）。学生在项目中扮演积极角色，独立或合作进行探究、研究和解决问题，培养创造性思维和批判性思维。项目学习的过程通常包括以下关键步骤：

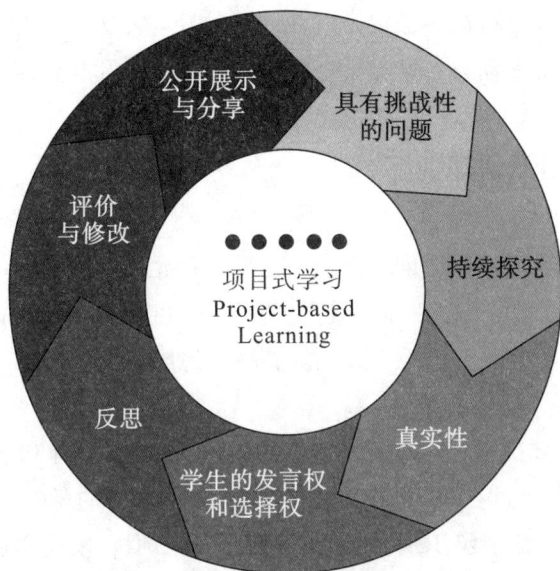

图 4 - 2　项目式学习

（1）项目设计：教师与学生共同设计具有挑战性和可行性的项目，确保项目与学科内容和学习目标紧密相关。项目的设计要具有真实性，与学生的兴趣和生活经验相关，以激发他们的学习动力和主动性。

（2）团队合作：学生以小组形式合作，共同规划和实施项目。团队成员之间需要相互协作、分工合作，并根据项目需求集思广益，共同解决问题。

（3）资源调查和知识获取：学生需要收集和整理相关的信息和资源，包括书籍、网络资料、采访等。他们通过调查和研究，获取必要的背景知识，为项目的实施提供支持。

（4）解决问题和实践：学生运用所学的知识和技能，提出解决问题的策略和方案，并进行实际操作。他们通过设计实验、制作模型、展示作品等方式，展示学习成果和解决问题的过程。

（5）评估和展示：学生对项目的过程和成果进行评估，并以多种方式展示学习成果，如口头报告、展览、演示等。评估过程旨在帮助学生反思和改进自己的学习，为其提供指导性反馈和鼓励。

通过项目学习，学生能够培养自主学习能力、批判性思维和创造性思维。他们不仅能够获得学科知识，还能够运用知识解决真实问题，培养解决问题和创新的能力。项目学习还鼓励学生参与团队合作，培养其沟通技巧和时间管理能力，为他们未来的职业发展做好准备。在国际上，项目学习已被广泛应用，并在许多学校和教育机构中被视为一种创新的教学方法。它有助于激发学生的学习兴趣、提高学习动力，培养学生的高阶思维能力和实践能力。

三、反思和元认知训练

国外的一些教育机构注重培养学生的反思和元认知能力，帮助他们意识到自己的思维过程、学习策略和问题解决途径。通过反思和元认知训练，学生能够调整自己的学习方法和思维方式，提高高阶思维能力。反思和元认知训练的关键概念包括：

（1）反思：鼓励学生定期反思和审视自己的学习过程和学习成果。学生可以通过写日记、讨论、做思维导图等方式记录自己的学习体验、困难和成就。通过反思，他们能够识别自己的学习方式和习惯，发现问题并寻找改进的方法。

（2）元认知：元认知是指对自己的思维和学习过程进行观察、监控和调节的能力。通过元认知训练，学生能够意识到自己的学习策略和技巧，并根据需要进行调整。他们应学会提问自己，评估自己的学习效果，并采取措施改进学习方法。

（3）学习策略：反思和元认知训练帮助学生发展各种学习策略，如目标设定、自我监控、学习计划、知识组织和复习技巧等。学生学会选择和运用适合自己的学习策略，可提高学习效率和学习成果。

反思和元认知训练的实践方法包括：

（1）指导式反思：教师引导学生进行反思，提出问题，激发学生思考和表达对学习的看法和体验。教师通过问问题、提供反馈和指导，帮助学生深入思考和发现问题。

（2）合作反思：学生在小组或伙伴间进行合作反思，分享彼此的学习经验和观点。他们互相倾听和提供反馈，帮助对方发现问题和改进学习方法。

（3）写作反思：学生通过写作来记录和表达自己的思考与反思过程。他们可以写日记、学习笔记、反思报告等，以促进自我觉察和思维整理。

反思和元认知训练的目的是培养学生的自主学习能力、学习动机和学习效果三个方面。通过这种训练，学生能够更加了解自己的学习方式和习惯，发展自主学习的能力，提高学习效果，并在学习中不断成长和进步。这种训练方法在国外的教育实践中得到广泛应用，并逐渐在国内的教育领域受到重视。

四、协作学习和小组讨论

协作学习和小组讨论是一种促进学生合作、分享思考和解决问题的学习方式。这种学习方式培养学生的批判性思维、创造性思维和沟通能力，鼓励他们通过合作互动来共同构建知识和解决复杂问题。协作学习和小组讨论的主要特点和好处如下：

（1）学生互动和合作：在小组中，学生有机会相互交流、分享观点和思考问题。他们可以通过合作和互助来解决困难，共同探索和理解复杂的概念和知识。这种互动和合作可以激发学生的批判性思维和创造性思维，促进思维的深入和发展。

（2）多元视角和思维碰撞：小组讨论为学生提供了多元视角和思维碰撞的机会。不同的学生可能具有不同的背景知识、经验和观点，通过交流和讨论，学生可以从彼此的观点中获得新的思维启示，并扩展自己的思维边界。

（3）共同构建知识：在小组讨论中，学生共同构建知识和理解。他们通过交流、辩论和协商，共同解决问题和探索答案。这种共同构建知识的过程可以加深学生对学科概念和原理的理解，并培养他们的分析、综合和评估能力。

（4）提高学习动力和参与度：小组讨论能够激发学生的学习动力和参与度。学生在小组中可以分享自己的观点和思考，得到他人的认可和反馈，增强自信心和学习兴趣。他们感受到自己在学习中的重要性和价值，从而更加积极地参与学习活动。

协作学习和小组讨论在实践中需要教师的适当引导和管理，以确保学生的参与度和学习效果。实践上遵循以下建议：

（1）设定明确的讨论目标和规则：教师应该在小组讨论开始前设定明确的讨论目标，并明确讨论的规则和要求。这有助于学生的讨论聚焦和有效进行。

（2）提供合适的问题和材料：教师应该提供有挑战性的问题和合适的学习材料，以引导学生的讨论和思考。问题应该具有启发性和开放性，激发学生的思维和探索。

（3）角色分配和时间管理：教师可以在小组中分配角色，如组长、记录员、时间管理者等，以促进小组的组织和协作。同时，教师也需要确保讨论时间的合理分配，以便学生充分利用学习时间。

（4）引导和提供反馈：教师应该在小组讨论中担任引导者的角色，鼓励学生表达观点、提出问题和解决困难。同时，教师也需要提供及时的反馈和指导，帮助学生思考和改进自己的思维和表达方式。

协作学习和小组讨论是一种积极、互动和富有成效的学习方法，能够培养学生的高阶思维能力、合作技能和批判性思维。通过与他人的交流和合作，学生可以共同探索和构建知识，发展自己的思维和学习能力。

五、情境教学（Contextual Teaching and Learning，CTL）

CTL 是一种以真实情境和应用性为基础的教学方法，旨在将学科知识与实际问题相结合，帮助学生将学习与现实生活联系起来。情境教学通过创造具有现实意义和意义深度的学习情境，激发学生的学习兴趣和动机，培养他们的高阶思维能力和解决问题的能力。

情境教学的主要特点包括：

（1）学科知识的实际应用：情境教学强调将学科知识应用于实际情境中。学生通过解决真实问题、完成实际任务和参与真实场景中的角色扮演，将学科知识应用到实际生活中，提高学习的实际效果。

（2）学习情境的创设：教师创设具有意义和挑战性的学习情境，例如模拟环境、实地考察、实践活动等。这些情境能够激发学生的学习兴趣、主动性和参与度，让学生在真实情境中体验和应用学科知识。

（3）跨学科学习的整合：情境教学倡导跨学科学习，将不同学科的知识和技能融合在一个情境中。学生需要运用多种学科的知识和技能来理解和解决问题，培养综合思考和综合应用的能力。

（4）学生的主动参与和合作学习：情境教学鼓励学生的主动参与和合作学习。学生在情境中扮演积极的角色，独立或合作地探究和解决问题，发展高阶思维能力和自主学习能力。

情境教学的实践中需要教师的精心设计和指导，以确保学生的学习效果和学习体验：

（1）设计具有挑战性的学习情境：教师应该选择具有挑战性和现实意义的学习情境。这些情境应该能够激发学生的学习兴趣和探索欲望，让学生感受到学习的重要性和价值。

（2）引导学生的学习过程：情境教学中，教师应该担任引导者的角色，引导学生探究和解决问题。教师可以提出问题、引导讨论、提供资源和支持，帮助学生深入学习和思考。

（3）鼓励学生的自主学习和合作学习：情境教学鼓励学生主动参与学习，独立或合作地解决问题。教师应该鼓励学生发表观点、分享想法，并给予肯定和鼓励。

（4）评估学生的学习成果：教师可以通过观察、讨论、作品展示等方式评估学生的学习成果。重要的是关注学生的学习过程和学习动态，而不仅仅关注结果。

情境教学能够激发学生的学习兴趣和学习动机，培养学生的高阶思维能力和实践能力。在国外，情境教学已被广泛应用，并在许多学校和教育机构中取得了显著效果。

第二节　国内高阶思维培养的案例和经验分享

一、北京师范大学附属实验中学的探究式学习

北京师范大学附属实验中学广泛应用探究式学习（Inquiry-based Learning，IBL）的教学方法，以问题为导向，让学生主导学习过程。学生在团队合作中通过自主提问、实验设计等方式，培养批判性思维、创造性思维和问题解决能力。探究式学习的特点包括：

（1）学生主导：学生在探究式学习中处于主动地位，通过提出问题、制订实验计划、进行实验和观察等方式，主导自己的学习过程，同时在团队中合作共同探索和解决问题。

（2）问题驱动：教师通过提出开放性或挑战性问题，激发学生的好奇心和求知欲。学生通过自主思考、调查研究和实验验证，寻找答案或解决方案，培养探究精神和批判思维能力。

（3）实践应用：探究式学习强调学习的实际应用，学生将所学知识应用到实际情境中，解决问题或开展实践性项目，加深对知识的理解，培养应用能力。

（4）跨学科整合：鼓励学生在探究过程中运用多学科知识和技能，发展综合思考和跨学科解决问题的能力。

（5）教师引导与支持：教师担任指导者和支持者的角色，提供必要的背景知识、研究方法和实验技巧的指导，鼓励学生思考和探索，及时提供反馈和评估。

二、上海世界外国语小学的思维导图教学

上海世界外国语小学广泛采用思维导图教学方法，通过图形化方式组织和表达信息，帮助学生整理知识、构建概念框架，培养学生的归纳推理、概括总结和创新思维能力。思维导图教学的特点包括：

（1）知识整理与概念构建：学生使用思维导图将知识按逻辑关系整理和组织，构建概念框架，概括关键词，形成清晰的思维结构。

（2）个性化学习与表达：学生可以根据自己的理解，选择适当的关键词、图片和图标，将思维导图绘制得更符合自己的思维方式。

（3）概念扩展与创新连接：学生通过添加分支、链接和交叉联系等方式，将不同概念和思想相互关联，形成新的观点和理解。

（4）可视化思维与思考深度：思维导图激发学生的可视化思维能力，学生通过观察思维导图的结构和关系，可深入思考问题，发现问题之间的联系和逻辑，提高思维的深度和逻辑性。

三、广东实验中学的科学竞赛培养

广东实验中学注重培养学生的科学研究能力和创新思维，鼓励学生积极参与各类科学竞赛。学生通过设计和实施科学研究项目，培养解决问题、实验设计和创新能力。科学竞赛培养的特点包括：

（1）科学研究项目的设计和实施：学校鼓励学生积极参与科学研究项目，培养他们的科学探索和实验设计能力。学生在教师和专家的指导下，选择感兴趣的科学课题，制订研究计划，并进行实验和数据分析。

（2）参加学科竞赛和科学奥林匹克竞赛：学校积极组织学生参加各类学科竞赛，如物理、化学、生物奥林匹克竞赛等。学生通过参赛，与其他优秀学生进行交流和比拼，提高科学知识水平和问题解决能力。

（3）研究性学习活动：学校组织学生参加研究性学习活动，如科学展览、科学论文写作等。学生通过深入的学术研究和实践活动，提高科学素养和学术

能力。

通过科学竞赛培养，广东实验中学取得了显著有效的成果。学生在各类科学竞赛中屡获佳绩，不仅在省内外赛事中获奖，还有学生代表学校参加国际科学竞赛并获奖。这些成绩的取得得益于学校注重培养学生的科学精神、创新思维和团队合作能力。

广东实验中学在科学竞赛培养中的成功经验主要包括：

（1）建立科学研究团队。学校组建了科学研究团队，由专业的老师和科学领域的专家指导学生的科学研究项目，学生因而得到了专业的指导和支持。

（2）营造积极的学术氛围。学校主动营造积极的学术氛围，鼓励学生在科学领域展示自己的才能。学校组织学术讲座、科学讨论会等活动，让学生有机会与专家和同行交流和学习。

（3）提供资源支持。学校提供了充足的实验设备和图书资源，支持学生的科学研究活动。学校还与科研机构和高校建立了合作关系，为学生提供更广阔的研究平台和资源。

广东实验中学的科学竞赛培养经验表明，通过参与科学竞赛和科学研究活动，学生的科学素养和创新思维能力得到了全面的培养。学校的支持和鼓励为学生提供了展示才华的机会，并激发了他们对科学研究的兴趣和热情。这种科学竞赛培养的实践经验对于培养学生的高阶思维、创新能力和解决问题的能力具有重要意义。

四、江苏省苏州市实验中学的 PBL 教学

江苏省苏州市实验中学广泛采用 PBL 教学模式。PBL 是一种以问题为导向的学习方法，通过学生团队合作解决真实世界问题或复杂问题，培养学生的批判思维、合作能力和创新能力。PBL 教学的特点包括：

（1）以问题为核心：教师引入一个开放性或挑战性问题，激发学生的好奇心和求知欲。学生通过团队合作和独立思考，调查、研究并解决问题。

（2）学生团队合作：学生组成小组，共同合作解决问题。每个小组成员负责不同的任务和角色，通过交流、合作和协商，共同构建知识和解决问题。

（3）将自主学习与指导教学相结合：PBL 注重学生的自主学习和主动探索。教师在 PBL 教学中充当指导者和促进者的角色，提供必要的指导和支持，帮助学生克服困难并引导他们深度思考问题。

（4）真实世界的应用：PBL 强调学习与实际应用相结合。学生通过解决真实世界的问题，将所学的知识和技能应用到实际情境中，培养解决实际问题的能力。

这些案例的成功经验表明，国内教育实践越来越重视高阶思维的培养，通过不同的教学方法和策略，学生得到了全面的发展。关键因素在于学生的主动参与、解决问题和实践应用，以及教师的引导和支持。这些做法有助于激发学生的学习兴趣和动机，培养他们的批判性思维、创造性思维和问题解决能力，从而提升学生的综合素质和未来发展潜力。

第二编

初中物理教学中学生高阶思维培养实践

　　教学之道，道法自然，大道至简，凝练道显。笔者从教近 20 年，躬耕于初中物理教育教学实践和研究，在此基础上通过深入研究和探索物理学史教学、大单元整体教学、有声思维、开放性作业等多个方面的教学策略，为教师提供具体可行的教学指导和方法，帮助教师在初中物理教育中更好地培养学生的高阶思维能力。

第五章　物理学史教学促进学生高阶思维的形成

　　本章重点研究了物理学史教学在培养学生高阶思维能力方面的理论基础和实践经验，通过分析物理学史的教学方法和策略，探讨了如何有效地利用物理学史教学培养学生高阶思维能力，并分享了一些成功的教学实践案例。

第一节　物理学史教学的研究背景和现状

一、研究的背景和必要性

（一）"立德树人"根本任务的指引

　　物理学史教学并不仅仅是一门学科的历史回顾，它在初中物理教育中占有举足轻重的地位，通过对物理学的发展历程、科学家的探索精神、科学理念的变革等内容的教学，有助于培养学生的科学精神和人文素养，实现"立德树人"的根本教育任务。

　　"立德树人"作为现代教育的核心目标，强调了教育不仅是知识的传授，更是价值观的塑造和人格的培育。物理学史教学能够让学生深入理解科学的本质、科学家的品质和科学与社会的互动关系。通过对物理学史的学习，学生不仅能够掌握物理知识，更能培养批判性思维、创造性思考和合作精神等综合素质。

　　对物理学史的教学，不仅是学科内容的拓展和深化，更是对学生价值观念、思维方式、人际交往能力的全面培育。这种教学模式与"立德树人"的教育目标紧密相连，有助于引导学生形成科学的世界观和价值观，为终身学习和全面发展奠定坚实基础。

　　"立德树人"这一核心教育任务要求我们将教育的视野从单纯的知识传授扩展到人的全面发展。物理学史教学正是这一任务的具体实施途径，通过连接科学、历史、人文等多个维度，为学生的高阶思维、道德情感和人际能力的培养提供独特的教育资源。

（二）《义务教育物理课程标准（2022 年版）》（以下简称《课标》）的要求

《课标》作为指导初中物理教学的重要依据，强调了科学素养的培养和学科核心素养的提升。其中，物理学史教学被视为重要的一环，符合《课标》对于培养学生综合素质和高阶思维能力的要求。

《课标》强调了学生的主体地位和以学生为中心的教学理念。物理学史教学能够促进学生对物理学科的深层理解，帮助学生形成科学观察、科学思考、科学实践的能力，从而全面提升学生的学科素养。

通过探究物理学史学习，学生不仅能够理解物理学科的知识体系，还能深入领会科学方法的本质、科学思维的培养和科学精神的涵养。此外，物理学史教学还能与跨学科的学习相结合，培养学生的综合素质和跨学科思维能力。

《课标》还强调了对学生兴趣和激情的培养，物理学史教学提供丰富多彩的教学内容和形式，激发学生对物理学科的兴趣，鼓励学生主动探索和创新。

总的来说，《课标》对物理学史教学提出了明确的要求和期望，旨在通过物理学史教学促进学生的高阶思维能力、科学素养和综合素质的全面发展，体现了新时代初中物理教育的方向和目标。

（三）"双减"政策的推行

"双减"政策，即减轻中小学生课外负担和减少课后培训的政策，正逐渐在中国的基础教育领域推广实施。这一政策旨在让学生远离过度竞争，更多地关注学科内涵和个人兴趣的培养，以及综合素质的提高。

物理学史教学与"双减"政策的理念相契合。通过对物理学史的探究，教学可以脱离死板的应试教育模式，更多地引导学生主动思考和探索。这样的教学模式有助于激发学生对物理学科的兴趣和热爱，而非仅仅为了考试而学习。

与此同时，物理学史教学强调的是理解和欣赏物理学的本质与演变，而非记忆和重复。这一点与"双减"政策中倡导的深化学科理解和兴趣培养相一致。

通过物理学史学习，学生可以在更轻松的学习环境中体验到学科的魅力，有助于减轻学习压力，更加享受学习的过程，从而符合"双减"政策的精神。

(四) 学科核心素养培养的需要

学科核心素养的培养是当前教育改革的核心目标之一，强调学生的批判性思维、创新能力、解决问题的能力等高阶思维技能的发展。

物理学史教学与学科核心素养的培养有着密切的联系。通过学习物理学的历史演进，学生不仅能够理解物理学的基本概念和原理，还能在历史的背景下理解科学知识的形成和发展过程，这有助于培养学生的历史观念、批判性思维和科学精神。

此外，教师在进行物理学史教学时还可以通过不同的教学策略，如案例分析、小组合作、项目研究等，让学生主动参与和探究，进一步培养学生的合作精神、沟通能力和自主学习能力。

总之，物理学史教学不仅可以丰富初中物理课程的内容，还可以有效促进学生高阶思维能力的发展和学科核心素养的培养，完全符合现代教育改革的方向和目标。

二、研究现状

(一) 国外研究现状

在物理教学中应用物理学史是在科学教学中应用科学史的子课题，而在科学教学中应用科学史在国外是一个研究已久的课题。国外将科学史应用于科学教学主要经历了萌芽、专业化、公众化、普及化四个阶段。在这四个阶段中，科学史的教育价值逐渐被认可，也出现了 HPS (History, Philosophy and Sociology of Science)、IHV (Interactive Historical Vignettes) 等极具影响力的教学模式。

1. 科学史引入教学的萌芽

萌芽阶段可以追溯到 19 世纪末到 20 世纪初这一时期。在这个时期，科学史在科学教学中的重要性逐渐被一些先驱科学家和教育家所认识。这一时期的主要特点和重要发展如下：

(1) 主要特点。

观念的初步形成。在此阶段，科学史是一种科学教学辅助工具的观念开始形成。虽然还没有成熟的体系和广泛的实践，但一些具有前瞻性的思想家开始思考并提出了将科学史融入科学教学的想法。

有限的实践。存在一些初步的尝试，但这些尝试通常局限于高等教育或特定的教育环境中。科学史在基础教育中的普及还未成型。

缺乏完整的教学方法和资源。在这一阶段，缺乏专门为教学目的编写的科学史教材和教学方法。

（2）重要发展。

重要人物的倡导。美国著名科学史家乔治·萨顿（George Sarton）被认为是科学史学科的创始人之一。他强调了科学史在科学教育中的重要性，并主张科学史不仅是科学家的学问，还是整个人类的共同遗产。他的工作启发了许多后来将科学史纳入教学的尝试。物理学家和哲学家恩斯特·马赫（Ernst Mach）提出了一种教学观点，即学生应该通过研究科学观点的历史演变来理解科学。他相信，通过研究过去的科学理论和实验，学生可以更好地理解现代科学的结构和方法。作为科学哲学和科学史的先驱，威廉·惠威尔（William Whewell）在19世纪强调了科学史对于理解科学方法的价值。他认为，通过研究科学的历史演变，人们可以深入了解科学如何逐渐发展成为一种严谨、逻辑和批判性的追求。

科学哲学的影响。一些科学哲学家开始关注科学的本质和科学方法，这促使人们重新审视科学史的价值，从而推动了其在教学中的使用。

初步的教学尝试。在一些大学和研究机构中，科学史开始被引入教学。教师和教育家开始尝试用历史案例解释科学概念和原理，以增强学生的理解和兴趣。

萌芽阶段虽然短暂，但为其后续的发展奠定了基础。在这一时期，虽然科学史在教学中的实际应用还相当有限，但这一思想已经开始在学术界萌芽。一些重要的科学家和教育家通过他们的工作和倡导，为科学史在教学中地位的确立做出了重要贡献。这一阶段的实践还很初级，缺乏系统的教学资源和方法，但它开启了一条新的道路，为科学史在教学中的专业化和普及化做好了准备。

2. 科学史引入教学的专业化

专业化阶段标志着科学史在教学中的真正成熟和深化。这一阶段主要发生在20世纪中期，具有以下主要特点和重要发展阶段：

（1）主要特点。

学术地位的确立。大学和高等教育机构中开始设立专门课程教学科学史，科学史成为科学、科技和医学领域的重要补充学科。

教学资源的增加。这一阶段开始出现了专为教学目的编写的科学史教材和教学指导书籍。

教学方法的创新和完善。教育家和科学史学者开始研发和使用更为系统化和有效的教学方法，将科学史与科学哲学、科学方法学紧密结合。

跨学科的合作。科学史与科学哲学、科学教育等领域的交叉合作成为这一阶段的特点，形成了更为丰富和深入的教学实践。

（2）重要发展。

教育政策的支持。一些国家和地区开始将科学史纳入教育体系和课程标准中，得到了政府和学术界的支持。

专业组织的建立。国际科学史学会（International Congress of History of Science，ICHS）、国际科学史与科学哲学联盟（International Union of the History and Philosophy of Science，IUHPS）等组织的建立，促进了这一领域的专业化发展。

专业期刊的出版。《科学史杂志》（*Journal of the History of Science*）等专业期刊的创建，为科学史在教学中的研究提供了学术交流的平台。

教学实践的推广。在全球范围内，越来越多的大学和学院开设了科学史课程，这一学科得到了广泛认可和推广。

专业化阶段是科学史在教学中从边缘走向主流的重要阶段。在这一阶段，科学史不再仅仅是科学教学的辅助工具，而是成为一门重要的学科，得到了教育界和学术界的广泛认可。通过政府、学术界和教育界的共同努力，科学史在教学中的价值得到了深入挖掘和广泛推广。这一阶段的发展为科学史在教学中的进一步公众化和普及化奠定了坚实基础。

3. 科学史引入教学的公众化

公众化阶段是科学史教学从高等教育领域走向普通大众和非专业人士的阶段。这一阶段发生在20世纪后期，具有以下主要特点和重要发展阶段：

（1）主要特点。

面向大众的教育资源。公众化阶段推动了大量面向普通大众的科学史书籍、杂志、纪录片和展览的出现。

科普活动的兴起。科学机构、博物馆和教育机构开始组织针对公众的科学史讲座、展览和互动活动。

多媒体与网络的利用。通过电视、互联网和社交媒体，科学史的教育内容得以广泛传播和普及。

跨界合作的增加。科学史学者与科普作家、媒体人、艺术家等进行合作，使科学史的传播更加生动、形象。

（2）重要发展。

非正式教育领域的拓展。博物馆、科技馆、社区教育中心等都成了科学史教育的重要场所。

大众媒体的参与。许多著名的科学传播者和主持人开始通过电视节目、网络视频等方式普及科学史知识。

国际合作与交流。国际组织和非政府组织开始推动全球范围内的科学史教育和普及活动。

普及化教材的出版。面向中学和普通大众的科学史教材和读物开始大量出版。

公众化阶段标志着科学史从学术领域走向大众，成为普通人日常生活和教育的一部分。这一阶段的发展不仅丰富了人们的科学文化素养，提高了人们的科学素质，而且推动了科学学科本身的发展和繁荣。在这一过程中，多元化的传播渠道和跨界合作成为主要特点，有效地拉近了科学与社会、专家与大众之间的距离，使科学史真正走入人们的日常生活。

4. 科学史引入教学的普及化

普及化阶段是科学史教学进一步推广和普及的阶段。在这一阶段，科学史不仅在大学和研究机构中得到关注，还深入到了基础教育层面，乃至社区和家庭。以下是普及化阶段的主要特点和重要发展：

（1）主要特点。

基础教育融入。科学史开始融入中小学的科学教育课程中，作为培养学生科学素质和批判性思维的重要手段。

社区参与。社区教育中心、图书馆等成为科学史教育的新阵地，让更多的普通人接触到科学史。

家庭教育的影响。家长开始关注科学史的教育价值，通过各种家庭活动将科学史融入孩子的日常生活。

跨学科合作。科学史与科学哲学、科学伦理、科学传播等学科的交叉和合作，促进了科学史教育的深化和丰富。

多元化的教学方法。利用多媒体、虚拟现实、游戏化教学等现代教育手段，使科学史教育更加生动有趣。

（2）重要发展。

政府政策的支持。许多国家和地区的政府出台政策支持科学史的普及教育，将其纳入正式的教育体系。

教育机构的积极参与。除了学校，许多非营利组织、社区团体也积极推动科学史的普及教育。

教材和资源的丰富。针对不同年龄层次和背景的人群，出版了丰富多彩的科学史教材、辅助教育资源。

教师培训和专业化。开始重视对中小学教师进行科学史方面的培训，提高教学质量和专业化水平。

普及化阶段标志着科学史教学的全面推广和广泛接受。它不仅拓展了科学史教育的受众群体，还丰富了教育的形式和内容。这一阶段的特点是全民参与、多元化和专业化并举，有效地推动了科学素质的全面提升，强化了科学与社会、科学与教育的紧密联系。普及化的科学史教育也为科学文化的繁荣和社会科学素质的提升做出了重要贡献。

随着科学史融入科学教学的逐渐普及，开发新的教学模式用以发挥科学史的教育价值是大势所趋。其中，最具有影响力的是 Martin Monk 与 Jonathan Osborne 在 1997 年提出的 HPS 教学模式，该教学模式以建构主义学习理论为基础，将科学史（H）、科学哲学（P）以及科学社会学（S）的有关内容融合在一起，以加深学生对科学本质的理解。此外，在 1990 年，美国学者詹姆斯·万德希（James H. Wandersee）等人以简约故事的形式为基础，提出 IHV 教学模式，中译名为互动历史小品，该模式借助历史戏剧小品的形式将科学史融入教学。1996 年，Nahum Kipnis 提出一种历史探究教学模式，该模式让学生通过重复科学史上的经典实验来进行探究教学。这些教学模式的建立和使用，为科学史融入科学教学提供了新的途径，推动了国际科学课程的改革，也为我国在物理教学中应用物理学史提供了新思路。

（二）国内研究现状

国内关于科学史研究的萌芽可以回溯到两千年前，但真正具备专业形态的科学史研究一直到 20 世纪初才出现。随着物理学史应用于物理教学的萌芽和兴起，国内关于物理学史的教育价值和教学模式的研究越来越多，但是大多集中于高中阶段，物理学史在初中物理教学中的应用还有一定的研究空间。

1. 物理学史应用于物理教学的萌芽和兴起

早期的科学史研究基本上只是席宗泽、钱宝琮、竺可桢等一些学者出于个人兴趣的业余活动，他们用厚实的国学功底对我国古代典籍中的科学史资料做了很多整理工作。直到 1956 年，我国对科学史学制订明确的发展规划后，科学史学科才开始在中国的建制化进程。1986 年，物理学史普及工作座谈会召开，会议明确提出应用物理学史优化物理教学的举措。1990 年 10 月，国家教委高教司在北京举办"物理学史与物理教学讨论班",讨论班从多方面研讨怎样将物理学史融入物理教学,以对学生开展多方面的教育,具体介绍物理学史融入物理教学的做法以及达到的实际效果,尤其是针对如何挖掘物理学史教育功能展开经验交流。1997 年 5 月,中国第九届物理学史学术年会在江苏省苏州市召开,会议对进行物理学史研究的价值和必要性进行强调,介绍了一些将物理学史融入物理教学的实践案例,并将其作为开展教学的参考,还对《物理学史》《物理学史丛刊》等学术期刊的出版、发行做出详细规划。这些会议的召开为物理学史与物理教学相结合开辟道路,促进了我国教育教学的改革与发展。

2. 物理学史的教育价值和相关教学模式

21 世纪以来,关于物理学史与物理教学相结合的理论研究和实践研究逐渐增多,物理教育工作者针对物理学史与物理教学的融合进行更深入的研究。研究热点主要集中于物理学史的教育价值和教学模式两个方面。

物理学史具有多方面的教育价值。蔡铁权对物理学史的教育价值进行了极为详细的分析,从优化教学过程、习得科学方法、培养人文素养、明辨科学真伪等 11 个方面分别论述物理学史独特的教学效果。侯新杰针对物理学史的本然价值进行更凝练的总结,他分别从教育学和教育心理学的角度出发,分析物理学史在培育科学素养、提升创造素质以及端正情感态度价值观三方面的作用。袁维新则是在回顾国内外相关研究的基础上,从理解科学本质、促进知识建构、培养批判精神、提高人文素养四个方面总结科学史的教育价值。蒲正权在其硕士学位论文中指出人文物理学史具有培养科学素养与人文精神兼备的学生的功能。可见,物理学史应用于物理教学,不仅能达到培育学生科学素养的目的,还能使学生受到人文精神的熏陶。

随着物理学史的教育价值被广泛认可,学者们开始探索将物理学史融入物理教学的策略。于忠卫以探索物理学史应用的教学模式为主题,在结合课程标准的基础上,构建了一种基于物理学史渗透的教学模式,其操作程序包括阅读了解、发现问题、讨论探究、总结拓展四个部分。袁维新则是在厘清科学史应用原则的基础上,提出科学对话、多元化教学、HPS 教学三种教学模式。与之同年,石雷先为将物理学史与教学更紧密地结合在一起,提出"串"式结构的教学模式以培育学生的科学素养。郑卫之则从科学方法、科学探究等方面的培育出发,提出使用科学假说和历史探究辅助教学的策略。上述几种教学模式和策略虽是运用不同方法在物理教学中应用物理学史,但目的都是发挥物理学史的育人价值,促进学生全面发展。

从上述分析可以发现，物理教育工作者对物理学史在物理教学中的应用做了大量研究，从中能获得很多研究方法和物理学史的应用策略。但现有研究也存在些许不足：第一，纵观国内外相关文献，中学物理教学中应用物理学史的研究存在学段不均衡的现象，大部分文献研究的是物理学史在高中物理教学中的应用，针对初中阶段的研究较少；第二，文献中对于初中相关物理学史素材的搜集、筛选和整理提及的也较少；第三，现有研究大多从教材和教学现状出发，从教材、教师等方面提出宏观的教学建议，很少从微观的角度使用典型案例，详细具体地说明教师应该怎样去应用物理学史。由此可见，对于初中相关物理学史的开发和应用还有一定的提升空间，有必要充分挖掘物理学史，并使其与教学紧密融合，以更好地进行初中物理学科教学。总之，搜集并筛选初中物理相关的物理学史，使用什么原则、方法、手段将其转化为有效的教学资源，都是需要进一步研究的问题。

第二节　物理学史的内涵和价值

一、物理学史的定义与特点

物理学史是一门研究物理学的历史发展的学科。它涵盖了物理学从古代到现代的演变过程，以及物理学与社会、文化、哲学等方面的相互作用。国内外关于物理学史的研究不少，但目前对于物理学史并没有统一的定义，不同的学者对于物理学史都有自己的个人理解。李艳平、申先甲在《物理学史教程》一书的绪论中指出：物理学史是一门对物理学发展的历史和规律进行概括和探求的学科。郭奕玲、沈慧君在《物理学史（第二版）》一书中将物理学史的研究内容分为四个方面，一是从古至今人类对自然界中物理现象的认识，二是物理学发生、发展过程中的基本规律，三是物理概念与物理思想产生、发展与革新的过程，四是物理学是如何变为一门独立的学科，如何开辟新的领域、产生新的飞跃，以及各分支如何相互渗透、融合和分化的。周国强认为物理学史包括五种类型的内容：①科学方法的介绍；②历史上重要实验、重要发现、重要技术的简单发现发展过程，概念、规律产生的历史背景；③科学家生平、故事；④学派假说间的争论；⑤中国古代科技发明。

基于此，笔者认为物理学史不仅仅是对物理学理论和实验的历史描述，还涉及科学与社会、文化、人类活动的相互关系，可归纳为以下几类：

（1）历史时期的划分：物理学史可以划分为不同的历史时期，例如古代、中世纪、文艺复兴、近现代等，每个时期都有其特定的科学观念、方法论和重要成就。

（2）主要理论与实验的追溯：物理学史关注物理学中主要理论和实验的起源和发展，例如牛顿力学的建立、相对论的提出、量子力学的发展等。

（3）科学方法的演变：物理学史也研究科学方法的历史演变，例如从哲学推理到实证主义的转变，再到现代科学方法的形成。

（4）科学与社会的互动：物理学史还研究物理学与社会、文化、政治、经济等方面的相互作用和影响。

（5）重要人物与学派：物理学史对物理学的重要人物和学派进行研究，分析他们在科学发展中的角色和贡献。

（6）科学技术的应用与影响：物理学史还关注科学技术在实际生活和工业中的应用，以及这些应用对社会和人类生活的影响。

（7）哲学与人文视角：物理学史还涉及科学哲学和人文学科的视角，探讨科学的性质、科学的价值、科学与宗教/道德/艺术的关系等。

通过对物理学史的研究，我们可以更深入地理解科学的本质、科学的发展过程、科学的社会影响，以及科学在人类文明中的地位和作用。它是一个跨学科的研究领域，既有对科学事实的详细考察，也有对科学思想和科学文化的深入分析。

物理学史作为一门专门研究物理学发展历程的学科，具有以下特点：

（1）时序性。物理学史按照时间的先后顺序，梳理了物理学的发展过程。从古代的自然哲学到现代的量子力学，它展示了一个动态的、连续的发展脉络。

（2）跨学科性。物理学史不仅仅关注物理学本身的理论和实验进展，还涉及与哲学、数学、化学、社会学等学科的交叉和相互影响。

（3）人文关怀。除了科学技术方面的内容，物理学史还关注科学与文化、伦理、宗教、政治等方面的关系。它试图解释科学是如何塑造和被人类文明所塑造的。

（4）方法多样性。物理学史的研究方法多种多样，既包括历史学的文献分析、考古挖掘，也包括哲学的逻辑分析、概念界定，还包括社会学的现场调查、口述历史等。

（5）解释与理解。物理学史不仅追求描述科学事实，还追求理解和解释这些事实背后的深层次原因。它关心的不仅有"是什么"和"怎么样",还包括"为什么"和"意味着什么"。

（6）教育价值。物理学史在教育领域有着重要的价值。通过学习物理学史,学生可以更好地理解科学知识的结构、科学方法的运作,激发科学兴趣,培养科学精神。

（7）科学评估与反思。物理学史为科学的评估和反思提供了重要的视角。通过对过去的回顾,人们可以从历史的教训中学习,对现有的科学实践进行批判性的反思,指导未来的科学发展。

物理学史的特点体现了它作为一门复杂、多元、深刻的学科的独特地位。它不仅仅是物理学的历史记录,更是对物理学、科学、社会、人类的一种全面理解和解释。

二、物理学史与科学精神的关联

物理学,作为自然科学的核心领域,历经数个世纪的演变,已经从早期的观测和描述演化为一套系统化、理论化的学问。深入探索物理学的历史进程,我们可以清晰地看到科学精神是如何在每一个重要的科学突破中得以体现和传承的。物理学史与科学精神的关联是一种深刻而复杂的联系,这种联系既体现在物理学史的研究对象上,也体现在物理学史的研究方法和目的上。

我们首先需要明确什么是科学精神。科学精神可以说是科学家在科学探索过程中所持有的一种态度和方法,其核心包括怀疑、好奇、求证、客观、批判性思维、公正和创新。这些品质并非与生俱来的,而是在长期的科学实践中逐渐形成和完善的。

从古希腊的哲学家到现代的科学家,物理学的每一个发展阶段都与科学精神密不可分。古希腊时代,物理学家如阿基米德和毕达哥拉斯等,通过观察、实验和逻辑推理,为后来的物理学打下了基础。他们对自然界充满好奇,坚信世界是有规律的,这种追求知识的精神激发了后世对物理学的兴趣。文艺复兴时期,伽利略和开普勒通过观测和实验,对天体运动提出了新的解释。他们对传统知识持怀疑态度,敢于挑战权威,这正是科学精神的体现。现代物理学中牛顿的三大定律、爱因斯坦的相对论、普朗克的量子理论等,都代表了物理学的巨大突破。这些理论的提出都需要巨大的勇气和创新精神,这种精神与科学精神是一致的。

物理学的每一次重大发现都伴随着对旧理论的否定和对新理论的探索。这种对知识的怀疑、验证和修正，正是科学精神的体现。每一代物理学家都在继承前人的基础上，通过对科学精神的传承和发扬，推动物理学的进步。

物理学史不仅是对过去的回顾，更是对未来的启示。它告诉我们，只有持续地追求科学精神，才能在物理学乃至整个科学领域取得更大的进步。这种精神鼓励我们对已知的知识持开放态度，对未知的领域充满好奇，将错误和失败看作成功的前奏。

物理学是科学的基石之一，其历史发展中涌现了许多卓越的科学家和突破性的科学理论。从牛顿的经典力学到爱因斯坦的相对论，从量子力学的创立到弦论的探索，物理学史充满了不断追求真理、挑战未知、坚持实证、反思和批判的精神风貌。物理学史中的许多科学家都表现出对真理的坚持和追求。无论是面对艰苦的实验环境还是主流观点的反对，他们都勇于探索，不畏艰难，力求探究事物的真实本质。物理学史中的科学精神还体现在对事实的尊重和对逻辑的坚持上。科学家们通过严谨的实验和精确的测量，以及逻辑推理和数学建模，来探究和解释自然现象。许多物理学家在推动科学进展的同时，也不忘对现有理论和方法进行批判和反思。他们敢于质疑权威，勇于推翻错误的假说，展现了科学的开放性和自我纠错的能力。

物理学史与科学精神的关联揭示了科学不仅是一组理论和实验，更是一种追求真理、强调理性、开放共享、与社会互动、坚持道德的精神追求。通过研究物理学史，我们可以更好地理解科学精神的本质，更有效地在教育和研究中传承和弘扬这一精神。物理学史是一面镜子，我们可以借助它审视科学精神的轮廓，更深刻地理解科学的本质和人类文明的进程。

三、了解物理学史有助于物理教学

了解物理学史有助于物理教学的多方面发展，无论是知识的连贯性和深度，还是学生的探索精神、科学方法的理解、教学案例的丰富性、科学道德的强调，以及跨学科教育的促进等方面，都得到了有力的支持和促进。将物理学史融入物理教学，有助于得到更完整、更生动、更有深度的教学体验。

1. 增强教学内容的连贯性和深度

物理学史展示了物理知识是如何逐步建立和发展的。通过历史的角度讲解，教师能更好地呈现不同理论之间的联系和演变，从而增强学生对物理学科整体架构的理解，提高教学的连贯性和深度。其中一个典型的例子是电磁理论的发展：

电磁理论的发展历史：

库仑定律：这是电荷间相互作用力的基础定律，揭示了电荷间的引力和斥力关系。

奥斯特发现电流与磁场关系：他发现电流能产生磁场，从而引入了电流和磁场的关系研究。

安培定律：安培进一步发展了电流与磁场的关系，提出了安培环路定律，为磁场的计算提供了工具。

法拉第电磁感应定律：法拉第则从另一个角度发现了磁场变化产生电场的现象，从而揭示了电场与磁场间的互相转化关系。

麦克斯韦方程组：麦克斯韦总结前人工作，形成了完整的电磁场理论，不仅统一了电场和磁场，还预言了电磁波的存在。

赫兹实验确认电磁波：赫兹通过实验进一步证实了电磁波的存在，从而完善了电磁理论。

教学应用：

通过电磁理论的发展历史，教师可以串联起不同历史时期的科学发现，展示科学知识是如何逐渐积累和完善的。

连贯性：从库仑定律到赫兹实验，每一步发现都基于之前的理论和实验，呈现了一个连贯的发展脉络。教师可以用这一历史线索来组织教学内容，使学生看到物理知识是如何一步步建立起来的。

深度了解这一系列发展历史，学生不仅能理解每一个定律和现象，还能深入理解它们之间的逻辑联系和科学方法。例如，学生可以通过安培定律与法拉第电磁感应定律的对比，深入理解电场和磁场是如何相互转化的。

通过将物理学史融入教学，教师可以更好地展示物理学科的内在逻辑和结构，增强教学内容的连贯性和深度，帮助学生形成对物理学科更全面、更深刻的理解。

2. 培养学生的科学探索精神

物理学史中的重大发现和科学家的思考过程能激发学生的好奇心，培养他们的探索精神和创造力。因为它向学生展示了科学知识是如何逐步构建的，以及科学家是如何面对挑战、失败和成功的。例如：

伽利略的望远镜观测：伽利略改进了望远镜，并首次用它观测夜空，发现了木星的卫星、太阳的黑子和许多其他重要特征。他的探索精神推动了现代天文学的发展，这是不怕权威、勇于挑战现有观点的精神的体现。学生可以从中了解到坚持自己的观点并勇于探索未知的重要性。

爱因斯坦的相对论：爱因斯坦的广义相对论和特殊相对论不仅改变了我们对时空的理解，还是科学家对待未解之谜的坚持和执着的象征。通过学习爱因斯坦是如何通过深入思考和不断试错来达到科学突破的，学生可以认识到科学探索不仅需要灵感，还需要勤奋和毅力。

居里夫人的放射性研究：居里夫人对放射性的研究不仅让她获得了两次诺贝尔奖，还推动了现代物理学和医学的发展。她的勇于探索和不怕困难的精神可以激励学生即使面临巨大的挑战，也要勇敢地追求自己的科学梦想。

费曼的量子电动力学：理查德·费曼对量子电动力学的贡献展示了他非凡的解决问题和探索未知领域的能力。他不仅在学术方面取得了成就，而且以其教学和普及科学的才华而著称。学生可以通过了解费曼的研究方法和教学风格认识到科学探索可以是一件既严肃又有趣的事情。

这些例子展示了不同的科学家是如何通过他们的研究和探索精神推动科学的发展的。学生可以从这些历史案例中学到，科学不仅是一系列固定的事实和规则，还是一个不断探索、质疑和创新的过程。了解物理学史有助于学生认识到自己也可以成为这一探索过程的一部分，激发他们的好奇心和探索精神。

3. 增进对科学方法的理解

通过物理学史，学生可以了解到物理学是如何从哲学推理发展为需要观察、实验和数学建模的现代科学的。这有助于他们更全面地理解科学方法的多样性和科学研究的复杂性。了解物理学史不仅有助于理解科学知识的发展和演变，还能深入了解科学方法和思维方式的演化。一个典型的例子是伽利略的实验方法在科学研究中的运用：

伽利略的实验方法：

伽利略是科学方法的奠基人之一，他的工作在许多方面都体现了现代科学方法的雏形。

观察与实验：伽利略对自由落体的研究采取了精确的观察和测量，通过斜面实验来测量自由落体加速度，突破了仅凭直觉和传统观点的限制。

理论与数学建模：他不仅进行了实验观察，还尝试通过数学来描述自然现象，从而形成了初步的数学模型。

预测与验证：他的理论可以用来预测自由落体的运动，然后通过进一步的实验来验证这些预测是否准确。

批判性思维：伽利略敢于质疑当时盛行的亚里士多德的观点，通过实证方法进行验证，展示了科学精神的批判性。

教学应用：

通过伽利略的实验方法，教师可以向学生展示科学方法是如何运用到具体研究中的。例如：

实验的重要性：学生可以通过了解伽利略如何设计和进行实验，认识到观察和实验在科学研究中的核心地位。

理论与实践相结合：伽利略的工作展示了理论与实践的紧密结合，使学生理解科学研究不仅需要实验观察，还需要理论推理和数学建模。

科学精神的培养：伽利略的批判性思维和不畏权威的态度是科学精神的典范，有助于培养学生的独立思考能力和批判性思维。

总之，通过了解伽利略的工作和方法，学生可以更深入地理解科学方法的基本原则和运用，增进对科学研究过程的认识，从而更好地理解和掌握科学思维和方法。

4. 提供丰富的教学案例和素材

物理学史中充满了精彩的故事和丰富的人物形象。教师可以运用这些历史案例和人物经历来丰富教学内容，使抽象的物理理论更加生动形象。物理学史上的许多关键事件和人物都可以成为讲解物理概念和原理的生动素材。例如：

牛顿的苹果：牛顿的万有引力定律经常通过"牛顿头上掉下的苹果"这一经典故事来解释。这个故事有助于学生理解地球对物体的引力，以及引力如何使物体朝地球中心加速。

迈克尔逊—莫雷实验：这一著名实验可以用来解释光速的不变性以及相对论的基础。通过介绍实验背景、实验设计和实验结果，学生可以更好地理解相对论的复杂概念。

玻尔的原子模型：玻尔的原子模型是量子力学的起点之一。通过介绍玻尔的思考过程和他的模型，教师可以引导学生理解原子结构和能级。

伦琴发现X射线：伦琴的X射线发现是现代医学和物理学的重要里程碑。

这个故事可以用来解释电磁波谱和 X 射线在医学上的应用。

富兰克林的风筝实验：富兰克林的风筝实验是电的研究的重要历史事件之一。通过这个实验，学生可以理解电荷、电流和闪电的基本性质。

霍金的黑洞理论：通过介绍霍金的黑洞辐射理论，教师可以将这一深奥的物理概念生动形象地呈现给学生。

通过这些历史案例，教师可以让物理概念变得更加生动和有趣，同时也有助于培养学生对科学历史和科学方法的深刻理解。它们可以用来引发学生的兴趣，激发他们的好奇心，并帮助他们在现实世界中更好地理解和应用物理原理。

5. 强调科学道德和责任

物理学史上的一些事件可以用来强调科学道德和社会责任，了解物理学史不仅关乎科学原理和方法，还涉及科学家的道德和责任。以下是一些可以用来强调科学道德和责任的例子：

奥本海默和曼哈顿计划：在第二次世界大战期间，罗伯特·奥本海默领导了一组科学家开发原子弹的曼哈顿计划。虽然这一项目促使了核物理的重大突破，但也引发了严重的道德和伦理问题，例如使用核武器的合理性和对人类的潜在影响。这个案例可以用来讨论科学家的社会责任和道德抉择的问题。

海森堡的不确定性原理：海森堡的不确定性原理不仅是量子力学的基础，还与他在纳粹德国的科学道德抉择有关。这可以引发关于科学家在极权政府下工作时的道德和责任的讨论。

马丁·弗莱和臭氧层研究：马丁·弗莱的臭氧层研究引发了关于 CFC 化合物对环境的潜在危害的全球讨论。通过这个例子，教师可以强调科学家的社会责任，以及他们在环境保护和可持续发展方面所扮演的关键角色。

这些例子不仅可以用来解释物理学的复杂概念，还可以用来强调科学家的道德和社会责任。这些案例可以使学生明白科学不仅是一组原理和方程式，还与人们的生活和价值观息息相关。了解这些历史情境有助于学生培养全面的科学素养，认识到科学与社会、伦理和道德的复杂的相互作用。

6. 促进跨学科教育

物理学史不仅与物理学有关，还与历史、哲学、社会学等多个学科相连。通过物理学史的教学，可以促进学生跨学科的思维和视野拓展。物理学史中许多重要的研究和发现都与其他学科有着紧密的联系，例如：

牛顿的力学定律与数学：牛顿的三大力学定律不仅是物理学的基础，还与微积分的发展紧密相连。牛顿和莱布尼茨的微积分理论对物理学和数学的发展产生了深远影响。通过牛顿的工作，学生可以看到数学如何在解决物理问题方面起到关键作用。

量子力学与化学：量子力学对化学，特别是原子结构和化学键的理解产生了深远影响。例如，薛定谔方程描述了电子在原子中的行为，是现代化学的基础。通过研究量子力学的发展，学生可以理解物理学和化学之间的交叉和相互作用。

生物物理学：DNA 双螺旋结构的发现是物理学、化学和生物学交叉的经典例子。沃森和克里克利用 X 射线衍射技术来解析 DNA 的三维结构，这一发现为分子生物学开辟了新的领域。学生可以通过学习这一历史性时刻，看到不同学科如何协同工作，推动科学的前进。

环境物理学与地球科学：物理学的原理和方法在气候科学和地球科学中也有广泛应用。例如，对大气层活动和海洋洋流流动的物理模拟有助于我们理解和预测气候变化。通过学习这一交叉领域，学生可以看到物理学如何与地球科学相结合，解决全球性问题。

医学物理：物理学在医学诊断和治疗中扮演了重要角色，例如 X 射线、MRI 和放射治疗。这些技术的发展涉及物理学、生物学、医学和工程学的交叉。学生可以通过学习这些技术的历史和工作原理，理解跨学科合作的价值。

总而言之，了解物理学史可以让学生看到物理学如何与其他学科相互影响、相互促进。这不仅有助于培养学生的综合思维能力，还可以激发他们对科学和技术跨学科应用的兴趣和理解。

四、了解物理学史有助于理解科学的批判性和统一性

了解物理学史有助于深入理解科学的批判性和统一性，下面分别探讨这两个方面。

1. 批判性

物理学史展示了科学方法的核心，即观察、假设、预测和验证。科学家们运用批判性思维，不断地对理论和实验进行审查和挑战。一是理论的演变和取舍，例如，从牛顿的经典力学到爱因斯坦的相对论，再到量子力学的发展，每一个新理论的建立都涉及对现有理论的批判和修正。这些演变强调了不断质疑和审查现有理论的重要性。二是错误的价值，物理学史中的错误和误解也是学习资源。例如，富勒顿的以太风实验失败，反而促进了相对论的发展。这些例子教育学生，批判性思维并不是要否定一切，批判思考的过程反而是一个探索真理的过程。

2. 统一性

物理学史涵盖了物理学的不同分支和时期，尽管研究的主题和技术可能有所不同，但仍遵循相同的科学方法，这一共同性反映了科学的一致性和协调性。物理学史还展示了不同物理分支之间的相互作用和融合。例如，统计力学结合了热力学和量子力学，为物质微观结构和宏观行为之间的联系提供了桥梁。从物理学史的角度看，学生不仅可以理解科学的全局结构和发展方向，还可以看到物理学如何从基本原理出发，展开为一系列相互联系的子领域，这体现了科学的统一性。

通过了解物理学史，学生可以深入理解科学的批判性，即持续质疑、评估和改进知识的过程；同时还可以理解科学的统一性，即不同学科和分支之间共享的方法、原则和结构。这些理解有助于培养学生的科学素养和批判性思维。

五、了解物理学史有助于理解科学的社会角色和人文意义

了解物理学史有助于理解科学的社会角色和人文意义，因为物理学史不仅揭示了科学理论和实践的进展，还反映了科学与社会、文化、伦理和哲学之间的相互作用。

物理学的发展是人类文明进步的一个重要标志。从古典力学到量子力学，从牛顿的苹果到爱因斯坦的相对论，每一个重要的物理学理论和发现都代表着人类对自然世界的新理解。这些理解不仅推动了工业、通信、医疗等领域的技术进步，改变了人们的日常生活方式，还促使人们对自然、宇宙和人类自身地

位进行重新思考。

科学的社会角色是多维度的。物理学的应用推动了社会的现代化进程，使人们的生活得以便捷和丰富。但同时，物理学也涉及许多深刻的社会问题和伦理挑战。例如，核物理学的发展带来了核能的利用，同时也带来了核武器和辐射安全的问题。环境物理学对气候变化的研究为政府政策提供了依据，也引发了关于能源、经济和社会公正的广泛讨论。

科学的人文意义则体现在科学与文化、艺术、哲学的交流与融合中。物理学的一些基本概念和原理，如相对性、不确定性等，已经渗透到文学、电影和日常语言中，成为人们理解和表达世界的新方式。物理学的探索也启发了人们对人类存在和意义的反思，与宗教和哲学产生了有益的对话。

了解物理学史就是了解这一过程中的人物、思想、冲突和变革。通过学习物理学史，我们可以看到科学不是冷漠的公式和实验，而是与人们的生活、价值和信仰紧密相连的活动；我们可以更好地理解科学如何塑造和反映社会现实，如何与人们的情感和精神世界相互作用。

了解物理学史不是孤立和纯粹的学术追求，而是一扇通向更广阔世界的窗口。通过这扇窗口，我们可以看到科学的力量和局限、人类的智慧和挫折，以及我们共同构建的人类文明的多姿多彩。学习物理学史不仅丰富了我们的知识体系，更有助于我们形成一种包容、审慎和富有人文关怀的世界观。

第三节　物理学史教学与高阶思维的关联

一、物理学史教学促进高阶思维的理论分析

1. 建构主义学习理论

建构主义学习理论主张知识不是从教师传递到学生的，而是学生基于他们已有的认知结构和经验来建构的。此理论提供了一个理论框架，帮助我们理解物理学史教学是如何促进高阶思维的。

前知观念的活化与连接。学生进入教室时已经带有关于物理学的前知观念。物理学史教学提供了一个机会，使学生能够与历史中的科学家一同经历科学发现的过程，从而更好地理解和整合新旧知识。例如，通过学习伽利略是如何反驳"重的物体下落更快"这一古老的观念的，学生可以更深入地理解自

由下落的概念。

问题中心的学习。建构主义强调学习应该是围绕真实世界问题进行的。物理学史中充满了这样的问题，例如：光是粒子还是波？这样的问题激发了学生的好奇心，鼓励他们进行批判性和创造性的思考。

反思与元认知。学习物理学史的过程中，学生会看到科学家是如何修改和调整他们的理论来适应新的实验数据的。这鼓励学生反思自己的学习，了解自己的认知过程，从而发展元认知技能。

社会性的学习过程。建构主义认为学习是一个社会性的过程。学习物理学史时，学生会讨论和辩论关于物理学的各种观点和理论，这有助于培养他们的沟通和合作技能，也鼓励他们从多个角度看待问题。

整体与细节的平衡。建构主义强调整体和细节之间的平衡。物理学史提供了一个宏观的视角，帮助学生看到物理概念的发展脉络，而不仅仅是孤立的事实和公式。

情境化的学习。物理学史为学生提供了一个情境，使他们能够看到物理学是如何与文化、社会和历史背景相互作用的，从而使学生更容易将所学知识与真实世界相连接。

从建构主义学习理论的角度看，物理学史教学为学生提供了一个丰富的学习环境，鼓励他们主动探索，培养批判性和创造性思维。此外，它还有助于学生建立与现实世界的联系，发展元认知技能，以及培养跨学科和跨文化的视角。因此，物理学史教学是促进高阶思维的重要工具。

2. 人本主义学习理论

人本主义学习理论坚信每个学生是独特的、有能力的，并且在适当的环境中有自发学习的动力。这种理论看重个人的内在驱动力和对个体的尊重，认为学习最好发生在一个鼓励自发、探索和实践的环境中。对人本主义学习理论产生深远影响的美国心理学家亚伯拉罕·马斯洛（A. H. Maslow）对人类的基本需要进行了研究和分类，将之与动物的本能加以区别，提出人的需要是分层次发展的；他认为人作为一个有机整体，具有多种动机和需要，包括生理需求、安全需求、爱和归属感、尊重和自我实现（见图 5 - 1）。当我们把这种理论应用到物理学史的教学中，我们可以看到几个关键的联系点。

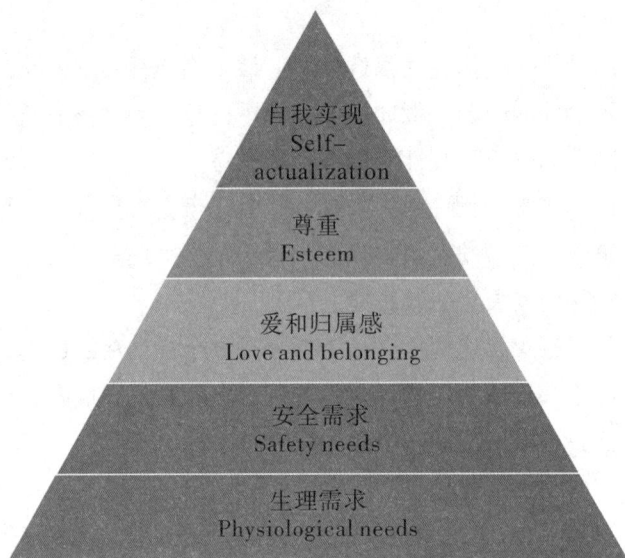

图 5-1　马斯洛需要层次理论

　　首先，物理学史提供了一个平台，允许学生根据自己的兴趣和需要选择研究的内容和方向。这样，学生不再是被动接受知识的容器，而是成为寻找、整合和应用知识的主体。他们可能对量子力学或相对论产生浓厚的兴趣，因为他们可以看到普朗克、玻尔或爱因斯坦如何追求自己的好奇心，挑战传统的思想，最终为物理学的进步做出了巨大的贡献。

　　其次，物理学史的教学强调了学科的实际意义和价值，这能够激发学生的内在动机。当学生看到物理学是如何与社会、经济和文化相互作用的，他们更有可能看到物理学不仅仅是一堆公式和定律，而是一个与人类生活紧密相连的学科。

　　再次，学生通过学习物理学的历史，可以体验到真实的科学研究过程。他们可以感受到科学家们在面对困难、失败时的挑战和坚持，从而培养出对科学的尊重和批判性思考的能力。

　　最后，物理学史的教学也鼓励学生与历史上的科学家建立情感和思想上的联系。这样的联系可以帮助学生看到自己与这个广阔的学科之间的关联，从而培养他们的自尊、自信及对学习的热情。

　　从人本主义学习理论的角度看，物理学史的教学能够有效地促进学生的高阶思维，因为它鼓励学生从多个维度理解物理学，使他们能够更加深入、广泛和批判性地思考这个学科。

3. 教育重演理论

教育重演理论（Recapitulation theory of education）主张学生在学习过程中应重演或重现某个领域知识的发展历程，通过经历与历史上科学家类似的探索和思考过程，来更好地理解和掌握这一领域的核心概念和原理。

根据对儿童语言发展及其语言文化发展的研究成果，伊根将人类社会的文化发展划分为低级向高级发展的四个阶段：神话（敏感）阶段（4、5 岁~9、10 岁），浪漫（敏感）阶段（9、10 岁~14、15 岁），哲学思辨（敏感）阶段（14、15 岁~19、20 岁）和隐喻批评（敏感）阶段（大于 19、20 岁），如图 5-2 所示。

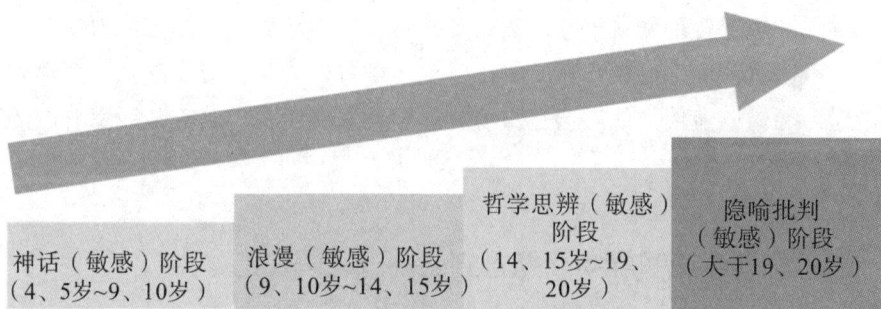

图 5-2　伊根的社会文化发展阶段

神话（敏感）阶段（4、5岁~9、10岁）

浪漫（敏感）阶段（9、10岁~14、15岁）

哲学思辨（敏感）阶段（14、15岁~19、20岁）

隐喻批判（敏感）阶段（大于19、20岁）

处于神话阶段的儿童，其思维特征与历史上使用神话阶段的人类相似。他们的智力工具和知识结构不是理性和逻辑的，而是情感上和道德上的。随着年龄的增长和认知水平的提高，孩子们开始注意现实中的二元对立物与神话中的二元对立物的差异。这标志着他们已进入了"浪漫阶段"。通过对现实的观察，孩子们又开始懂得，介于二元对主体之间还存着一个连续体，他们开始注意事物的规律性，这是进入"哲学思辨"阶段的标志。在此基础上，他们会发现某些既定的定律不能完美地解释所有相关的现象，因此他们要发展自己新的认知模式去解释世界，这就是隐喻批判阶段。

物理学史教学正好提供了一个框架，让学生可以追溯物理学的发展脉络，从早期的观念和理论开始，经历各种挑战、证据收集和思维转变，最终形成现今的物理知识体系。以下从教育重演理论的视角分析物理学史教学是如何促进高阶思维的：

（1）历史背景的理解：通过学习物理学史，学生可以更好地理解一个理论或观念为何在某个时期被提出，它是如何应对当时的科学问题的，以及它是如何与其他理论或观念竞争并最终成为主流的。这种深入的背景理解可以帮助学生更好地掌握物理学的核心概念，并促进他们的批判性思维。

（2）科学方法的体验：物理学史教学使学生能够重现历史上的实验和观察，体验科学家是如何收集证据、提出假设、设计实验、验证理论的。这不仅可以培养学生的实验技能和观察力，还可以让他们深入了解科学方法的本质，从而培养分析和推理能力。

（3）思维模式的转变：物理学史中充满了观念的变迁和思维的革命，如从牛顿经典力学到量子力学的转变。学生可以通过重演这些思维转变，体验和理解这种从一个框架到另一个框架的跳跃，从而培养创新和灵活思维。

（4）问题解决的策略：学生可以通过研究历史上的物理问题和其解决方法，学习和练习各种问题解决的策略和技巧，从而培养高阶思维能力。

从教育重演理论的视角看，物理学史教学可以为学生提供深入、全面和真实的学习经验，使他们能够通过重演物理学的发展历程，培养和锻炼自己的高阶思维能力。

二、物理学史教学中可能遇到的挑战和解决方案

物理学史教学在实践中可能会面临多种挑战。这些挑战不仅来自教育内容的本身，还可能源于学生、教育环境或资源的限制。以下列出了一些常见的挑战和可能的解决方案：

1. 学生兴趣缺失

挑战：学生可能认为历史内容枯燥、无趣，不如现代的物理知识直观和实用。

解决方案：结合现代应用，展示物理学史背后的故事和有趣的科学家传记，以及其对现代社会的影响。

2. 内容过于庞大

挑战：物理学史包含了许多主题和时期，难以在有限的教学时间内全面介绍。

解决方案：选择关键的历史事件和转折点进行重点讲解，确保学生对整体脉络有基本了解。

3. 与现代物理教育的融合困难

挑战：如何将历史内容与现代物理教学内容结合起来，使其更具实际

意义。

解决方案：将历史案例和实验与当前的物理概念和原理相结合，展示其在现代物理中的应用和影响。

4. 资源限制

挑战：缺乏适当的物理学史教材、实验设备和其他教学资源。

解决方案：利用在线资源，如网络课程、视频、模拟实验等，丰富教学内容和方法。

5. 教育评估的挑战

挑战：如何有效评估学生对物理学史的理解和应用。

解决方案：采用综合评估方法，如项目报告、口头报告、批判性思考题目等，确保评估既有深度又有广度。

6. 与其他学科的融合

挑战：如何将物理学史与数学、化学、生物等其他学科的学科发展史结合起来。

解决方案：通过跨学科的教学项目和活动，鼓励学生在多个领域内进行深入研究。

7. 教师的准备不足

挑战：教师可能没有受过物理学史的专业培训，不熟悉相关内容。

解决方案：提供教师培训和专业发展机会，如工作坊、研讨会等，使他们更好地掌握物理学史的教学方法和内容。

总之，尽管物理学史教学在实践中可能会面临多种挑战，但通过适当的策略和方法，我们可以有效地解决这些问题，使物理学史教学更加生动、有趣和有意义。

第四节　物理学史教学实践策略与建议

一、课程设计与内容选择

在物理学史教学中，课程设计与内容选择是成功实施的关键环节。有效的课程设计可以引导学生深入探究物理学的重大事件、理论和转折点，同时培养他们批判性思维、分析和解决问题的能力。

确定教学目标：首先，明确教学的目标，如培养探究精神、理解科学的方法、增进对物理学主题的深入理解、培养跨学科的视角等。教学目标应与学校的总体教学计划和学生的需要相一致。

历史背景与时间线：为了给学生提供清晰的历史背景，可以列出一个物理学的时间线。这可以是一个图表或一个互动式的展示，标明物理学的重要事件、发现和理论。

选择关键主题：基于教学目标，选择几个关键的物理学主题或理论，如经典力学、电磁学、热力学、相对论、量子力学等。主题应与其历史背景、相关的科学家和主要贡献相结合。

案例研究：选择一些物理学史上的经典案例，如伽利略的自由落体实验、迈克尔逊—莫雷实验等，深入探讨这些案例的科学、技术、社会和哲学背景。

跨学科链接：物理学史与其他学科，如数学、哲学、技术和社会学，都有着紧密的联系。这种跨学科的角度可以帮助学生理解物理学在更广阔的知识体系中的位置。

教学方法与评估：选择合适的教学方法，如讲座、讨论、小组活动、实验、模拟实验等。同时，制定评估标准，如测试、作业、项目、演讲等，以确保学生达到预定的学习目标。

考虑现代技术的运用：利用现代技术，如数字化工具、模拟软件、在线资源等，可以为学生提供更为生动、互动的学习体验。

持续更新与反馈：物理学史教学不应是一次性的。随着新的研究成果和发现出现，课程内容需要定期更新。同时，教师应鼓励学生提供反馈，以持续改进课程设计。

总之，物理学史教学的课程设计与内容选择是一个综合性的过程，需要结合教学目标、学生的需要、学科的发展和教学资源来进行。一个高质量的课程设计可以激发学生的兴趣，培养他们的批判性思维，并深化他们对物理学的理解。

二、教学方法与活动

物理学史教学不仅要传授知识，还要激发学生的探究精神和批判性思维。传统的教学方法可能无法满足这些目标，因此，选择恰当的教学方法和活动至关重要。

案例讨论：选择历史上的重大物理事件或发现作为案例，如牛顿的三大定律、普朗克的量子假设或爱因斯坦的相对论，让学生进行小组讨论，分析这些理论背后的历史背景、科学家面临的挑战、实验验证和理论的社会影响。此外，可以引导学生思考这些理论在当今的应用和价值。

角色扮演：让学生扮演历史上的著名物理学家，如伽利略、法拉第、玻尔等，进行模拟的"访谈"或"辩论"。这种方法可以帮助学生更深入地了解这些科学家的思想和贡献，同时培养他们的表达和沟通能力。

实验与模拟：重现历史上的经典实验，如迈克尔逊—莫雷实验、双缝实验等。如果条件有限，可以使用计算机软件或在线模拟工具进行虚拟实验。这种方法可以帮助学生直观地理解物理理论，并培养他们的实验技能和探究能力。

影片与纪录片：使用相关的影片或纪录片作为教学材料，如关于费曼的《请别叫我天才》或关于霍金的《宇宙的边界》。这些影片可以为学生提供生动、直观的学习体验，并激发他们的兴趣。

互动式讲座：与传统的单向讲座不同，互动式讲座鼓励学生参与讨论、提问和反思。教师可以使用问题引导、小测验或即时反馈工具，如点击器，来增加课堂的互动性。

跨学科研讨会：邀请其他学科（如历史、哲学、艺术等）的教师或学者共同主持一个研讨会，探讨物理学与其他学科的交叉和影响。这种方法可以培养学生的跨学科思维，同时加深他们对物理学的理解。

研究项目：让学生选择一个物理学史的主题，进行深入的研究和报告。这可以是一个人或小组的项目，涵盖文献调查、实验研究、数据分析和写作报告。这种方法可以培养学生的独立研究能力，同时加深他们对所选主题的理解。

物理学史教学需要采用多种教学方法和活动，以满足学生的不同需要和兴趣。通过恰当的教学方法，教师可以使学生更深入地理解物理学，培养他们的批判性思维、探究能力和跨学科视角。

三、利用技术资源

在现代教育中，技术资源为物理学史教学提供了无限的可能性。利用技术资源不仅可以让教学内容更加生动、直观，还可以拓宽学生的学习视野，培养他们的自主学习和探究能力。

首先，数字化的物理实验模拟工具使学生有机会重新经历和探索那些历史上的重大实验。例如，学生可以使用在线工具模拟迈克尔逊—莫雷实验，感受光的波粒二象性。这种体验不仅帮助他们更好地理解实验背后的物理原理，还激发了他们的好奇心和探究精神。

其次，网络上的多媒体资源为物理学史教学提供了丰富的教学材料。例如，学生可以在线观看关于著名物理学家的纪录片、访谈或讲座，了解他们的科研历程、思想和贡献。这些资源不仅增强了学生的历史意识和文化认同感，还帮助他们建立科学家与科学知识之间的联系。

再次，技术资源还可以支持学生的自主学习和合作学习。例如，学生可以使用在线学习平台或社交媒体平台组建学习小组，共同探讨一个物理学史的主题、问题或疑惑。通过互动交流和知识共建，学生不仅加深了对物理学的理解，还培养了他们的团队合作和沟通能力。

最后，技术资源为物理学史教学提供了创新的评价和反馈手段。例如，教师可以使用在线测验工具或学习分析工具，对学生的学习进度、表现和需求进行实时跟踪和分析。这种即时、个性化的反馈不仅帮助学生了解自己的学习状态，还为教师提供了调整教学策略和方法的依据。

利用技术资源为物理学史教学带来了新的机遇和挑战。教师需要不断地探索和尝试，将技术与教育完美结合，为学生提供更高质量、更有意义的学习体验。

四、评估与反馈

评估与反馈是教育过程中的关键环节，它不仅是对学生学习成果的检验，更是对教学效果的检验。在物理学史的教学中，如何进行有效的评估与反馈尤为重要，因为这既是一个深度的认知过程，又涉及对历史、文化和社会背景的理解。

评估应当突出对学生深层次理解的考察。相较于简单的事实性问题，例如比起"爱因斯坦是什么时候提出相对论的"这类问题，应该提出更深入的、需要分析和推理的问题，如"相对论对当时的物理学界产生了怎样的冲击和影响"。这样的问题更能考查学生对物理学史的深入理解和对其背后的科学精神的把握。

评估形式应当多样化。除了传统的笔试和口试，还可以采用项目评估、小组讨论、学生报告、模拟辩论等形式。例如，教师可以让学生选择一个物理学史上的关键时期或人物进行深入研究，并提交研究报告或进行展示。这样不仅可以培养学生的独立研究能力，还能让他们从不同的角度和层面深入了解物理学史。

反馈应当及时、具体和有建设性。教师应当在评估后尽快给予学生反馈，指出他们的优点和需要改进的地方，并提供具体的建议和策略。例如，对于一个关于量子力学发展历程的报告，教师可以指出学生在描述某一事件时的不准确之处，建议他们查阅更多的资料和文献进行修正。这样的反馈既可以帮助学生了解自己的不足，也可以激励他们进一步学习和提高。

评估与反馈也应当注重学生的自我评估和反思。教师可以鼓励学生在每次学习活动后，进行自我评估和反思，思考自己在这个过程中学到了什么、还有哪些不足和困惑、如何在下一次学习中做得更好。这样的自我评估和反思不仅可以帮助学生建立自主学习的习惯，还能培养他们的批判性思维和自我调节能力。评估与反馈是物理学史教学中不可或缺的环节。教师应当根据教学目标和学生的实际情况，设计合理的评估方案和提供有效的反馈，以促进学生的深入学习和持续进步。

五、培训与专业发展

培训与专业发展是物理学史教学中至关重要的部分，尤其是针对教育者而言。物理学史不仅仅涉及对一系列科学事实的掌握，还要求对科学思想的历史和文化背景有深入理解。

教育者在进入教育领域时，可能会对物理学的基础概念和原理有所了解，但对物理学史的深入了解则是一个全新的挑战。这需要教育者具有更为广阔的学术视角，能够跨越学科边界，整合物理、历史、哲学和社会学等多个领域的知识。

首先，定期的培训课程是必要的。这些课程应该涵盖物理学史的主要时期、关键事件、重要人物和主要理论，而不仅仅是对事件的叙述，更重要的是理解这些事件背后的科学思想、社会背景和文化意义。这样，教育者在进行教学时，不仅能够为学生呈现一个完整的物理学发展脉络，还能够引导学生理解这些事件背后的深层次含义。

其次，专业讨论和研讨会也是专业发展的重要组成部分。在这些活动中，教育者可以与同行交流，分享自己在教学中的经验和困惑，从而得到启示和帮助。同时，这也是一个了解最新研究成果、教学方法和教育技术的好机会。

除了培训和讨论，自主学习和独立研究也是专业发展的关键。教育者应该积极地阅读物理学史的专业书籍、期刊文章和研究报告，以保持自己知识的更新。同时，他们也可以尝试自己进行一些小型的研究项目，例如对某一时期或某一理论的深入研究，这样既可以增强自己的研究能力，也能为教学提供更多的素材和视角。

培训与专业发展是物理学史教学中不可忽视的部分。只有不断地学习和进步，教育者才能够为学生提供高质量的教学，帮助他们深入理解物理学的历史和文化背景，从而培养他们的科学素养和批判性思维。

六、社区与外部合作

在物理学史教学中，与社区和外部实体的合作开辟了一个扩展教育体验和资源的新维度。这种合作不仅能为学生带来新的学习机会，还可以促进学科之间、学校与社区之间以及教育与实践之间的联系。

一是与博物馆和科学中心的合作。与地方的科学博物馆和科学中心建立合作关系，能为学生提供直观的学习体验。例如，通过组织实地考察，学生可以近距离接触到物理学史上的重要仪器和实验模型，了解科学家是如何进行实验的，从而加深对物理学史的理解。

二是学术机构和大学的连接。很多学术机构和大学都有丰富的物理学史研究和资源。与这些机构建立合作关系，可以为学生提供专家讲座、研讨会和研究项目等学术机会，促进学生的深度学习和实践。

三是与地方社区的合作。地方社区中可能存在与物理学史相关的遗迹、人物或事件。例如，当地可能有著名的科学家的故居，或与某一重要科学发现有关的地方。与社区合作，可以组织学生参观这些地方，了解物理学史与地方文化和历史的联系。

四是跨学科合作。物理学史与历史、哲学、艺术等多个学科都有交叉。与其他学科的教师或学者建立合作，可以为学生提供跨学科的学习体验，帮助他们从不同的视角理解物理学史。

五是与企业和产业界的连接。很多现代企业和产业都与物理学有关，它们的发展史往往是物理学史的延续。与这些企业建立合作，学生可以了解到物理学史与现代社会和经济的联系，感受到物理学史的实践价值。

六是利用网络资源。当今社会，网络资源丰富多彩。与国内外的物理学史网站、在线课程和专家论坛建立连接，教师可以为学生提供更为广泛和深入的学习资源。

社区与外部合作为物理学史教学带来了丰富的资源和多样的学习体验。这种合作不仅能够拓宽学生的视野，还能加强学校与社会的联系，促进物理学史教学的实效性和社会性。

第五节　物理学史教学实践案例

一、伽利略与自由落体实验

1. 教学目标

学生能够描述伽利略的自由落体实验并理解其意义。

学生能够运用批判性思维分析实验的过程和结论。

学生能够通过实际操作，体验和理解实验过程中的观测与记录。

学生能够将历史背景与现代知识相连接，培养对物理学的深层兴趣。

2. 教学内容

伽利略的生平简介。

自由落体实验的历史背景和过程。

实验的结论及其对现代物理学的影响。

3. 教学策略与活动

故事叙述：教师通过讲故事的方式，介绍伽利略的生平和他所面临的科学与社会挑战。

模拟实验：学生在教室里进行自由落体实验的模拟，可以使用球体和测量工具，自行记录数据并分析。

小组讨论：学生分小组讨论实验的结果，探讨可能的误差来源，并与伽利略的实验结果进行对比。

角色扮演：学生扮演伽利略和当时的其他科学家，模拟当时的科学辩论，深入理解历史背景下的科学争议。

4. 技术与资源

利用多媒体资源，如视频或动画，展示自由落体实验的历史背景和实际过程。

使用教学软件或 App 进行实验数据的记录和分析。

5. 评估与反馈

学生可以通过设计海报、做 PPT 或写简短的论文来展示他们对实验的理解。

教师根据学生的表现提供反馈，指导他们进一步深化对物理学史的理解。

6. 课后延伸活动

建议学生访问与伽利略相关的博物馆或在线展览，进一步了解其贡献和影响。

鼓励学生探索其他与自由落体相关的实验，例如空气阻力对落体速度的影响等。

总体来说，此教学设计致力于让初中学生通过实际的活动和深入的讨论，体验物理学史的魅力，并培养他们的批判性思维和实验技能。

教学片段（师生对话）

教师（T）：同学们，大家可能都听说过伽利略，他是物理学史上的一个伟大的科学家。谁能告诉我他有哪些重要的贡献？

学生 A（SA）：他发现了自由落体的规律！

T：没错，今天我们就要探索他是如何进行自由落体实验的。首先，让我们先了解一下伽利略的生平。（播放伽利略生平简介的视频）

学生 B（SB）：老师，伽利略在那么古老的时代，没有现代的仪器，是如何准确地做实验的？

T：这是一个好问题。他使用的是一些基础的工具和他的观察力。今天，我们将尝试模拟他的实验。（指向教室一侧的实验设备）

学生 C（SC）：看起来很有趣！

T：现在，请大家分成小组，每组需要一个记录员和两个执行实验的人。我们要使用这些球体和尺子来模拟自由落体实验。

SA：老师，我们需要记录哪些数据？

T：你们需要记录球体落下的时间和落下的距离。记住，要多次重复实验以确保结果的准确性。

（小组开始模拟实验）

学生 D（SD）：我们发现，无论球体大小，它们落下的速度都差不多！

T：很好，这与伽利略的发现相符。他发现所有的物体在真空中以相同的加速度自由下落，不受其质量的影响。

SB：但老师，我们的实验并不是在真空中。

T：你提到了一个重要的问题。在现实生活中，有许多因素，如空气阻力等，可能影响实验结果。但我们的目的是理解伽利略的实验和他的观察。

SC：那我们现在应该做什么？

T：请各组分享你们的实验结果，并与伽利略的实验结果进行对比。然后，我们将进行一个角色扮演活动，模拟伽利略与当时的其他科学家之间的辩论。

SA：这听起来很有趣！我已经准备好为伽利略辩护了！

T：哈哈，那就开始吧！

此段师生对话通过互动和实际操作，旨在激发学生的兴趣，培养他们的批判性思维，同时帮助他们更深入地理解物理学史和科学方法。

随着角色扮演的开始，教室的气氛变得热烈。

学生 E（SE）：（扮演当时反对伽利略观点的科学家）伽利略先生，你所说的这些观点与教会和传统知识相悖。你如何证明你的理论是正确的？

SA：（扮演伽利略）我通过多次实验观察到，在排除其他干扰因素的情况下，不同质量的物体在自由落体时的加速度是相同的。这一观察基于事实和重复的实验，而不仅仅是传统观念。

SB：而且，我们现在也复现了这一实验，并得到了与伽利略相似的结论。

SE：但你如何解释物体在现实生活中的落差，例如，羽毛和铁球？

SC：这涉及空气阻力等其他因素的影响。在伽利略的实验中，他尽可能排除了这些因素。我们知道，真空中的物体不会受到空气阻力的影响，因此它们的下落速度是一致的。

SD：伽利略的研究为后来的科学家提供了有力的依据，推动了物理学的进步。我们不仅应该记住他的发现，还应该记住他敢于质疑、探索和验证的精神。

T：很好，同学们！你们不仅理解了伽利略的重要实验，还从中体会到了科学研究的重要性。我们通过历史事件，理解了科学不仅仅是事实和数据，还包括对现有知识的质疑、探索未知的勇气和持续的求知精神。

SA：这真的是一个有趣的历史时刻。通过这样的教学方式，我们不仅学到了知识，还培养了批判性思维。

T：正是这样，科学教育不仅是传授知识，更重要的是培养你们独立、批判性思考的能力，勇于探索未知的精神。

通过模拟真实历史事件，学生身临其境地体验历史和科学的结合，从而更深刻地理解科学的本质和意义。

学生F（SF）：老师，为什么在那个时期有那么多人反对伽利略的观点呢？

T：这是一个非常好的问题。那个时期，人们的知识体系大多基于传统的教条和权威的说法。伽利略的发现挑战了这些深层次的信仰和权威，这自然会引起反对和争议。

学生G（SG）：所以说，科学和社会、文化、政治都是紧密相连的。

T：没错，科学不是孤立存在的。它受到社会各个方面的影响，同时也影响社会。这就是为什么我们学习物理学史，不仅要了解科学的发现，还要理解这些发现是如何在特定的历史和文化背景下产生的。

学生H（SH）：这也说明了为什么我们需要有批判性思维，不盲目接受任何信息。

T：没错，批判性思维是科学家的基本素质。它不仅仅是为了做好科学研究，更是为了在复杂的社会环境中做出明智的决策。

学生I（SI）：从伽利略的故事中，我还学到了重要的一点，那就是即使面临巨大的压力和困难，也要勇于追求真理。

T：非常对！这就是科学精神的核心。无论是在科学研究中，还是在生活中，都需要这种追求真理和坚持原则的勇气。

通过这种富有互动性的教学方式，学生不仅能够理解科学知识，还能培养自己的高阶思维和批判性思考的能力，从而更好地应对现实生活中的挑战。

学生K（SK）：那么，既然我们说到了现实生活，是否意味着物理学史中的每一个故事都与我们的生活有关？

T：很好的提问。确实，物理学史中的许多故事都与我们的生活息息相关。例如，电的发现和应用改变了我们的生活方式，从照明到通信再到运输。然而，还有一些故事可能与日常生活的直接联系不大，但它们为我们展示了人类探索未知的决心和勇气。

学生 L（SL）：所以说，学习物理学史不仅是为了知道科学家们做了些什么，更是为了理解他们是如何思考和解决问题的。

T：完全正确。当我们研究这些历史事件时，我们实际上是在学习一种思考模式、一种解决问题的方法。

学生 M（SM）：老师，物理学史有助于我们形成对世界的全面认识吗？

T：当然。物理学史为我们提供了观察和解读世界的多个视角。当我们了解到不同的科学家是如何看待同一个问题的，我们就能更全面、更深入地理解这个问题。

学生 N（SN）：那么，我们是否可以说，学习物理学史实际上是在培养我们的全球视野和跨文化理解？

T：你说得很对。科学是全人类的共同遗产，它超越了文化和国界。通过学习物理学史，我们能够更好地理解不同文化和历史背景下的科学家是如何贡献于这个共同遗产的。

学生 O（SO）：那么，这意味着，物理学史不仅与科学相关，还与我们的人文教育息息相关。

T：正是这样，这也是为什么我们强调物理学史的重要性。通过学习物理学史，我们不仅可以获得科学知识，还可以培养人文素养和全球视野。

这种互动式的教学方式可以让学生更深入地理解物理学史的内容，同时也能够培养他们的思考和表达能力，为他们的未来学习和生活打下坚实的基础。

二、电磁感应与法拉第的实验

1. 教学目标
学生能描述法拉第关于电磁感应的基本实验。
通过分析实验，学生能够深入了解电磁感应的原理。
学生能够应用高阶思维技能，如批判性思维、问题解决能力和创造性思维，对实验进行分析和探究。

2. 教学内容
回顾电与磁的基本知识。
介绍法拉第关于电磁感应的实验。
分析实验中的关键要素与原理。

3．教学过程

（1）启动阶段。

展示电磁铁和一块普通铁片，询问学生它们之间的区别，并引入电磁感应的话题。

（2）探究阶段。

展示法拉第的电磁感应实验视频。

分组讨论：每组学生讨论实验中观察到的现象、产生的疑问和可能的解释。

分组分享：每组选择一个代表，分享他们的讨论结果。

（3）深化阶段。

教师引导学生探讨法拉第实验的科学方法（观察、提问、假设、验证）。

学生自行设计一个简单的实验，验证他们对电磁感应的理解。

（4）应用阶段。

给学生布置一个任务：设计一个基于电磁感应的简单日常用品，例如门铃、自行车灯等。

学生进行头脑风暴，设计产品原型，并解释其工作原理。

4．评估方式

根据学生在分组讨论中的表现、实验设计和产品原型设计进行评估。

鼓励学生提出有创意和创新性的解决方案。

5．反馈与延伸

教师对学生的作品进行点评，指出优点与需要改进之处。

鼓励学生进一步完善他们的产品原型，优秀者可在学校的科学展览中展出。

通过这个教学设计，学生不仅能够了解到物理学史中的重要实验，还能够通过批判性和创造性思考，深入理解和应用电磁感应的原理。这有助于培养学生的高阶思维能力，为他们的未来学习和工作打下坚实的基础。

教学片段（师生对话）

T：同学们，大家知道这是什么吗？（展示电磁铁）

SA：这是一个电磁铁。

T：很好。那么，电磁铁与这块普通铁片有什么不同呢？

SB：电磁铁可以通过电流产生磁场，而普通铁片不可以。

T：正确。那么，其中隐藏的科学原理是什么呢？我们今天要学习的就是与此相关的一位伟大的科学家——法拉第，以及他做的一系列实验。

T：（展示法拉第的电磁感应实验视频）大家观察这个实验，看到了什么现象？

SC：当线圈里的磁场改变时，电流表有了读数。

T：很好。那么，为什么会这样呢？

SD：是不是因为磁场的改变导致了电流的产生？

T：这是一个方向。现在，我希望你们分组讨论这个现象背后的原因，并尝试解释它。

…………

T：好，各组有没有什么不同的想法？

SE：我们小组认为是因为磁场改变导致线圈内部产生了电动势，从而产生了电流。

SF：我们则认为，当磁场快速改变时，它会"刺激"线圈产生电流。

T：很好的讨论。这背后的原理就是法拉第的电磁感应定律。现在，我希望你们根据这个原理，设计一个简单的日常用品。

…………

T：那么，有哪个小组想要分享他们的设计？

SG：我们设计了一个自行车的动力灯。当自行车行驶时，轮胎里的磁铁通过线圈，产生变化的磁场，从而使得灯光亮起。

T：非常有创意！你们利用了法拉第的原理为日常生活带来便利。这正是学习物理的魅力所在。

通过这样的师生对话，学生不仅学到了知识，还能体验到科学发现的过程和乐趣，更能深入地理解和应用所学知识。

T：好，再来一个小组分享他们的设计。

SH：我们想到了一个用于露营的手摇式手电筒的设计。当我们摇动手电筒时，里面的磁铁会穿过线圈，产生电磁感应，从而为手电筒供电。

T：优秀的点子！这种手电筒在紧急情况下或无电的环境中都是非常有用的。它完全依赖于电磁感应来产生电能。这正展示了我们如何将古老的科学原理应用到现代的技术和生活中。

SI：老师，这么说来，学习物理学史不仅能帮助我们了解物理是如何逐步发展起来的，还可以启发我们如何运用这些知识，对吗？

T：没错！这正是我希望你们从中获得的。历史上的每一个重要的科学发现，都是建立在前人的研究基础上的，每一个发现都有可能推动人类文明前进。而我们，作为现代的学习者，不仅要学习这些知识，更要学会如何创新和应用。

SJ：那么，法拉第当时是如何想到这个实验的呢？他是怎么做的？

T：很好的问题。法拉第对电和磁之间的关系非常感兴趣。他进行了大量的实验，希望找到两者之间的联系。在许多尝试后，他发现了电磁感应的现象。事实上，他的实验是建立在其他科学家的基础上的，这就是物理学史的魅力——一个发现通常是很多人努力的结晶。

SK：我们学习物理学史，不仅是为了学习知识，更是为了培养我们的高阶思维，让我们学会如何观察、思考和创新。

T：正是这样！知识本身是重要的，但更重要的是知识背后的思考方式、解决问题的方法和创新的思维。

这种师生互动式的对话模式，不仅使学生更加活跃参与，而且能够让学生深入理解和应用所学的知识，同时还能培养学生的创新思维和批判性思考的能力。

SL：老师，那我们为什么不直接学现代的物理理论呢？为什么还要了解这些历史背景？

T：好问题！想象一下，当你看一部电影时，如果你只看结局而错过了所有的情节发展，你可能不会完全理解故事的真正意义。同样地，物理学的每一个理论、每一个定律，背后都有深厚的历史背景。通过了解这个背景，我们可以更好地理解这些理论是如何形成的，为什么它们是正确的，以及它们是如何影响我们今天的生活的。

SM：这意味着，学习物理学史可以帮助我们更好地理解和记忆物理学的概念？

T：正确。而且更为重要的是，了解物理学史能够培养我们的批判性思维。当我们学习一个新概念时，我们不仅要问"这是什么"，还要问"为什么是这样"以及"怎么证明它"。这种深入的思考方法，是高阶思维的核心。

SN：我明白了！这也就是说，物理学史不仅仅是关于过去，更是关于未来，关于如何更好地使用物理学来改变我们的世界。

T：你说得很对！物理学史为我们提供了一个框架，帮助我们理解科学是如何进步的，这有助于我们更好地利用这些知识来解决实际问题和面临的挑战。

SO：老师，那我们可以通过学习哪些具体的物理学家及其发现来更好地理解物理学史呢？

T：很好的提议。我们可以从伽利略、牛顿开始，探讨他们是如何改变我们对运动和引力的理解的。然后，我们可以学习法拉第和麦克斯韦，看看他们是如何揭示电磁现象的。当然，还有爱因斯坦的相对论、玻尔的量子论等，这些都是物理学史上的重要里程碑，为我们今天的科技和生活方式奠定了基础。

这样的对话有助于学生更加清晰地理解物理学史在物理教育中的重要性，并深入挖掘学习物理学史对高阶思维形成的积极影响。

第六章　大单元整体教学在高阶思维培养中的应用

本章主要介绍大单元整体教学在培养学生高阶思维能力方面的应用，阐述大单元整体教学的概念和特点，探讨大单元整体教学对学生思维发展的影响，并分享一些成功的教学实践案例，以帮助教师更好地设计和实施大单元整体教学，促进学生高阶思维能力的培养。

第一节　大单元整体教学的实施背景

一、如何应对"双减""双新"时代

2019 年 1 月，义务教育阶段课程方案与课程标准的修订工作启动，历时三年有余。2022 年 3 月底，教育部正式印发课程方案和课程标准，给地方发文并在官网发布电子版。4 月 20 日，出版社完成全部文稿核对工作，形成公开发布版。4 月 21 日，教育部召开新闻发布会，对义务教育课程方案以及 16 科的课程标准进行公开发布和宣传解读。

"新方案"和"新课程标准"（以下简称"双新"）的发布，标志着未来核心素养导向的学科课程要系统优化与重构。

"双新"自 2022 年秋季学期实施以来，对我们的教学有什么影响呢？目前的变化，比如作业设计、课后托管等，更多是"双减"政策带来的改变。

教育部教材局田慧生局长在新闻发布会上谈到关于"双新"颁布后的主要工作安排：一是组织开展国家级示范培训，提供培训资源，帮助广大教师准确理解把握新修订的义务教育课程的新理念、新要求。二是强化课程落地实施制度建设。各省要对学校规划课程实施提出工作要求。2023 年 3 月，广东省教育厅印发了《广东省义务教育阶段课程实施指导意见（试行版）》，里面就提到新课程标准的相关配套教材正在修订中，该意见适用于 2022 至 2023 学

年。三是全面启动相关教材修订工作，为学校教学提供有效支持。我们看到，2011年课标发布后，新教材于1年半后出版。因此，我们期待2024年秋季开学能看到配套的新教材。四是围绕课程实施重点难点问题，设立一批课程改革项目，推动创新实践。

在一次交流中，有一位来自乡镇的教师举手发问：在他们学校，他感觉三维目标到现在都还没落实到位，还在两维和三维之间徘徊，知识与技能落实了，过程与方法慢慢找到了，但每次公开课写课堂目标，在情感态度与价值观上都是凑字数的。现在突然提出核心素养，农村的孩子没法跟城市孩子一样培养核心素养呀。为什么课标要改？能否城市学校改，我们不参加？

的确，为何要改？为何是现在改？为何要统一改？为了回答这个问题，我们来回忆一下我国课改的几个阶段：1978年，中小学课程标准（教学大纲）提出"双基"：基础知识、基本技能。2001年，义务教育课程标准提出三维目标：知识与技能、过程与方法、情感态度与价值观；各门课程尤其关注学习方式和学习能力，关注学生情感、态度与价值观等品质的发展。2016年，核心素养总体框架出台：1个核心、3大维度、6个核心要素、18个基本要点。2017年版高中课程标准细化到各学科的学科核心素养。

简单地说，我们的传统是比较重视"双基"，即基础知识与基本技能，后来觉得"双基"不完整，于是提出三维目标。从"双基"到三维目标，再到核心素养，这是从教书走向育人这一过程的不同阶段。打个简单的比喻来说，落实"双基"是课程目标1.0版，三维目标是2.0版，核心素养就是3.0版。

因此，走向核心素养导向的课程变革，是时代的趋势与中国的思考。归纳起来有三个方面原因：

第一，外部驱动：核心素养是时代发展提出的教育新要求。当今世界正经历百年未有之大变局，技术变革、自动化和社会结构转型、人工智能等，教育需要对这些新事物做出回应。《四个维度的教育：学习者迈向成功的必备素养》一书强调课程知识图景的新框架有知识、技能、人格品质和元学习策略四个维度。

第二，内在动因：全球教育发展与课程变革的趋势。21世纪以来，核心素养驱动下的课程与学习变革已经成为一种共识。联合国可持续发展目标（SDGs）、《反思教育：向"全球共同利益"的理念转变?》（2015年）以及《一起重新构想我们的未来：为教育打造新的社会契约》（2021年）等全球倡议，进一步强调了教育变革对于塑造和平、公正和可持续未来的重要性，并推动各国加快核心素养导向的课程变革步伐。

第三，国家需要：这是国家义务教育的新部署和要求。2001 年以来，我国义务教育课程改革已经实施了 20 多年，相关课程标准包括修订版本也已经使用了十年以上，根据课程改革的自身规律性要求，有必要进行进一步的修订完善；全面落实有理想、有本领、有担当时代新人的培养要求，培养担负民族复兴大任的时代新人；落实党中央、国务院"双减"政策要求等。

提到"双减"就不得不提国家出台的这几份文件。2019 年 7 月 18 日，《中共中央 国务院关于深化教育教学改革全面提高义务教育质量的意见》里面就提到：强化课堂主阵地作用，切实提高课堂教学质量；优化教学方式，加强教学管理，完善作业考试辅导等。2021 年 4 月 12 日，《教育部办公厅关于加强义务教育学校作业管理的通知》提出严控书面作业总量，创新作业类型方式，提高作业设计质量，严禁校外培训作业，切实避免校内减负、校外增负等。2021 年 7 月 24 日，中共中央办公厅、国务院办公厅发布了《关于进一步减轻义务教育阶段学生作业负担和校外培训负担的意见》。"双减政策"出台，并被教育部列为"一号工程"。

二、教学模式的变革与大单元整体教学的兴起

随着社会和技术的快速发展，教育的需求和目标也随之发生变化。在传统的教学模式中，学生往往被看作被动的信息接收者，而教师则是知识的传授者。然而，现代教学模式越来越强调学生的主体性，倡导学生主动参与学习，培养批判性思维、创造性和协同合作能力。这种变革导致了多种新的教学模式的出现，其中，大单元整体教学模式受到了广泛关注。

大单元整体教学是一种整合了多个学科内容的教学模式，它强调跨学科的整合，鼓励学生进行深入探究，并将知识应用于实际情境中。大单元整体教学不再局限于单一的学科知识，而是将多个学科的内容融合在一起，为学生提供了一个更宽广的学习视角。通过真实或模拟的情境学习，学生可以将所学知识与实际生活紧密联系起来，提高学习的实用性和意义性。大单元整体教学鼓励学生主动参与学习，培养他们的探究能力和批判性思维。学生在大单元整体教学中，往往需要与他人合作完成学习任务，这有助于培养他们的团队合作精神和沟通能力。

教学模式的变革反映了现代教育的新需求和新趋势，而大单元整体教学作为这种变革的一部分，为学生提供了一个更为开放、综合和实用的学习环境。

这种教学模式有助于培养学生的高阶思维能力，使他们更好地适应未来社会的挑战。

让我们回到"教学"最基本的意义：

有一个人 T（Teacher），他拥有一些内容 C（Content），而且意图将 C 传递给另一个初时缺少 C 的人 R（Receiver），如此 T 和 R 介入一种以 C 之获得为目的的关系，如图 6-1 所示。

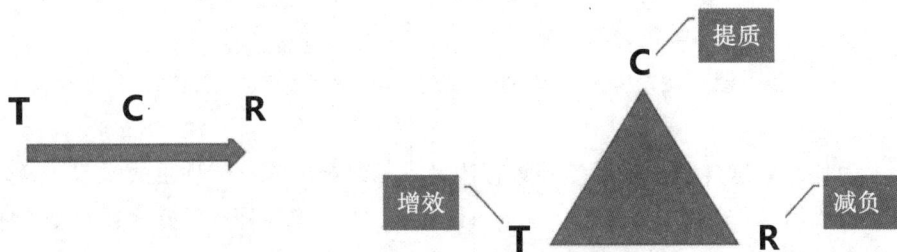

图 6-1 "教学"基本意义的理解

现在 R 遇到了学业负担过重的问题，没时间参加体育运动、发展兴趣爱好、培养艺术情操，素养得不到提升，要减负了。那是不是就像有的人认为的那样，说"双减"就是学生、教师一起减负？那是行不通的。按照能量守恒定律，当 T、R 端都减了，C 还能保持不打折扣地传递吗？为了传递总量不改变，在 R 减的同时，T 就应该增。增什么呢？要增效。那怎样才能增效呢？C 这个内容，或者说这个课程、这个教学行为就必须提质。

那么，初中物理教学如何提质，就必须"目中有人"，回归到学生的主体性，了解目前初中学生学习物理的主要困惑在哪里？或者说是什么阻碍了他们的学习？为此，我们对广东实验中学教育集团将近 3 000 名初三学生进行调查，把学生的回答数据按照出现的频次做成词云图（见图 6-2）。从图 6-2 中我们看到，出现最多的关键词是：知识点零散、没有系统、碎片化、一听就懂一做就错、不知道要干吗、作业太多、学不会等。当然，也有人觉得无障碍，物理是强项。

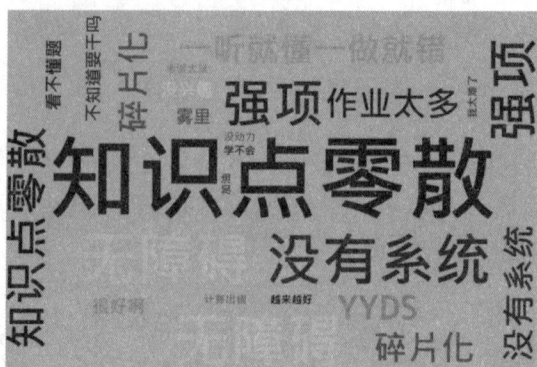

图 6 - 2　初三学生物理学习的主要困惑关键词的词云图

为什么会这样呢？随着基础教育体制机制改革的深化，项目式学习、翻转课堂、小组合作学习、研究性学习、社会综合实践等各种教学模式在初中物理教学中被广泛应用。这些教学模式在给学生带来多样化学习资源的同时，也隐含着教学形式化、课时冗余化、内容零散化、学习浅层化等种种问题。

因此，"双减"倒逼我们的教学、教学设计要具有整体性、进阶性、生本性……传统的单课时教学容易造成教学目标割裂，知识无法有效融合，不利于学生构建知识体系，这直接影响到学生学科能力的培养和学科核心素养的发展。在"双减"背景下，我们必须打破单课时教学的束缚，通过整体规划，将有关联性的知识重组为基于一定主题的大单元，将零散的知识结构化，将物理观念、学科能力和学科思维方法展现并提炼出来。要打通知识到素养之间的壁垒，大单元整体教学就是撬动课堂转型的一个支点（见图 6 - 3）。

图 6 - 3　大单元整体教学的提出

《义务教育课程方案》（2022 年版）"深化教学改革"中指出："探索大单元教学。"（见图 6 - 4）这为进一步探索、尝试和完善"大单元教学"提供了有力的政策支持。可以预见，探索"大单元教学"将是今后一个时期集体备课研究的重点内容。

▶ **读懂课标新风向："深"**

2.深化教学改革

坚持素养导向。围绕"为什么教"和"为谁教",深刻理解课程育人价值,落实育人为本理念,准确把握课程要培养的学生核心素养,明确教学内容和教学活动的素养要求,培养学生正确价值观、必备品格和关键能力,设定教学目标,改革教学过程和教学方法,把立德树人根本任务落实到具体育教教学活动中。

强化学科实践。注重"做中学"引导学生参与学科探究活动,经历发现问题、解决问题、建构知识、运用知识的过程,体会学科思想方法。加强知识学习与学生经验、现实生活、社会实践之间的联系,注重真实情境的创设,增强学生认识真实世界、解决真实问题的能力。

推进综合学习。整体理解与把握学习目标,注重知识学习与价值教育有机融合,发挥每一个教学活动多方面的育人价值。探索大单元教学,积极开展主题化、项目式学习等综合性教学活动,促进学生举一反三、融会贯通,加强知识间的内在关系,促进知识结构化。

落实因材施教。创设以学习者为中心的学习环境,凸显学生的学习主体地位,开展差异化教学,加强个别化指导,满足学生多样化学习需求。引导学生明确目标、自主规划与自我监控,提高自主、合作和探究学习能力,形成良好的思维习惯。发挥新技术的优势,探索线上线下深度融合,服务个性化学习。

图6-4　探索大单元教学

第二节　大单元整体教学的基本概念

对于传统的单元,学者们普遍认为:单元,就是基于一定的目标与主题,组成教材与经验的模块或单位。对于单元,我们都不会陌生,因为现有的教材基本都是以单元的形式呈现的。从人教版八年级上册教材的目录,我们看到,初中物理教材里的"章"就是我们常说的单元(见图6-5)。

图6-5　人教版教材八年级上册目录

　　这样的教材单元以知识共有特征作为划分依据，重视模块知识的各个击破，试图让学生在知识点的积累中完成观念建构和素养形成。但有时候，这样的教学过程聚焦于零散知识点，忽视了学科知识之间的内在联系，学生容易"只见树木，不见森林"，不利于学生建立完整的学科知识体系并形成学科核心素养。

　　华东师范大学课程与教学研究所所长崔允漷深度参与了国家基础教育课程、教材改革的顶层谋划和实践探索。他认为："单元"是素养目标达成的单位，是围绕大概念组织的学习内容、学习材料和学习资源等的集合。

　　大单元的"大"指的不是大容量，而是大视野，这是一个上位的概念。大单元是教师在对课程标准、教材等教学指导性资源进行深入解读和剖析后，根据自己对教学内容的理解，从学生的最近发展区（Lev Vygotsky 提出）出发，对教学内容进行分析、整合、重组而成的相对完整的教学主题。

　　大单元要用大概念去统筹单元学习内容，它往往需要教师对教材中相关的内容进行恰当、合理、创造性的重构，而划分的标准取决于教师对相应知识的理解深度以及对学生的了解程度。教师是大单元的最终决定者，这是教师教学能力和教学智慧的体现。

　　这里提到的"大概念"是什么呢？浙江大学教育学院刘徽教授在《大概念教学：素养导向的单元整体设计》一书中提到：大概念是反映专家思维方式的概念、观念或论题，它具有生活价值。其实，在《普通高中课程方案》（2017 年版）中，就已经提出重视以学科大概念为核心，使课程内容结构化。《义务教育课程方案》（2022 年版）提出，基于核心素养发展要求，遴选重要观念、主题内容和基础知识，设计课程内容。这里的"重要观念"就是大概念（见图 6 – 6）。

　　　　大概念是反映专家思维方式的概念、观念或论题，它具有生活价值。

　　　　《普通高中课程方案》（2017年版）：进一步精选了学科内容，重视以学科大概念为核心，使课程内容结构化，以主题为引领，使课程内容情境化，促进学科核心素养的落实。

　　　　《义务教育课程方案》（2022年版）：基于核心素养发展要求，遴选重要观念、主题内容和基础知识，设计课程内容，增强内容与育人目标的联系，优化内容组织形式。

图 6 – 6   何为"大概念"

"大概念"的英文是"big idea"，这里用的是"idea"而非"concept"，因此，也有学者翻译为"大观念"。应该说，概念的确是大概念的一种重要表现形式，但大概念不局限于概念。其实，不只"大观念"，我们经常说的"核心概念""核心观念""核心观点""大观点""重要概念""重要观点"等，都可以认为是大概念的范畴。

初中物理的"大概念"指的是什么呢？在初、高中物理课标中均未发现"大概念""核心概念"等表述，但在科学课标中提出：科学课程设置13个学科核心概念，是所有学生在义务教育阶段应该掌握的科学课程的核心内容。学生通过对学科核心概念的学习，理解物质与能量、结构与功能、系统与模型、稳定与变化4个跨学科概念。将科学观念、科学思维、探究实践、态度责任等核心素养的培养有机融入学科核心概念的学习过程中。

13个学科核心概念的前4个，大家是不是觉得很熟悉？是的，不就是我们的物理观念吗？所以，我们可以认为，一级主题就是我们初中物理的"大概念"（见图6-7）。

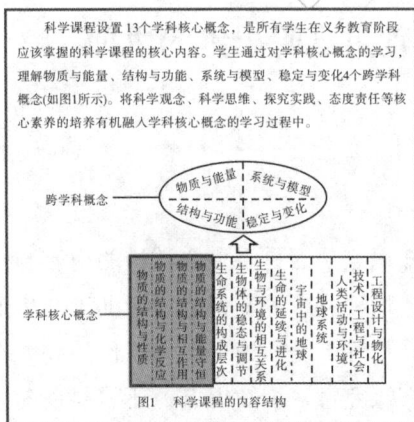

图6-7　初中物理的"大概念"

综上所述，物理大概念知识层级结构如图6-8所示。我们从课程论视角看，初中物理学科大概念有物质、运动和相互作用、能量。可以把这3个大概念解构为若干较大概念和小概念，实现学习者对学习的宏观规划。

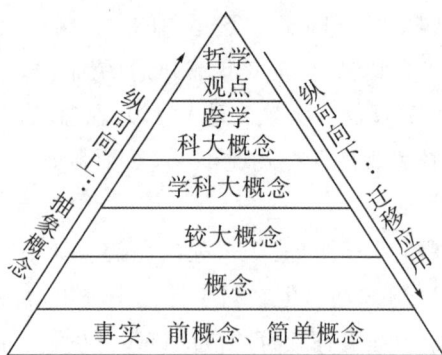

图6-8 大概念知识层级结构图

从教学论视角看，在实际学习中，以学生的认知水平为基础，应将极其抽象的大概念解构为抽象程度较低、适合学生学习水平、凸显知识体系的较大概念、小概念；在微观的课堂教学活动中，依据学习内容、学生认知水平和学习阶段，不断融入大概念思想，拓展思维的视角、广度和深度。学生学习的构建过程是科学思维、科学态度的形成过程。

第三节 大单元整体教学促进高阶思维的机理

一、提供宽广的知识体系

大单元整体教学不局限于某一学科的知识点，而是将多个学科的内容与理念融合，为学生提供一个全面的学习视角。这种宽广的知识体系有助于学生形成一个完整、多元和有深度的世界观，使其能够更全面地理解和评价问题。在宽广的知识体系中，学生不仅需要纵向深入探究每一个知识点，还需要横向连接不同学科间的知识，培养综合性思考能力。

二、鼓励深度学习与批判性思考

大单元整体教学常常结合真实的情境，使学生能够更加深入地思考和探究。在这种情境中，学生不仅需要回忆和理解知识，还需要进行应用、分析和创造。通过提出开放性的问题，学生需深度思考，而不是简单地回答或重复书本上的内容。这有助于培养学生批判性思考的能力，使其能够独立分析和评价信息。

三、培养学生的问题解决和综合分析能力

在大单元整体教学中，学生往往需要从多个学科的角度来考虑和解决问题，这要求学生具备高度的综合分析能力。大单元整体教学经常要求学生进行团队合作。在团队合作中，学生不仅要综合运用自己的知识和技能，还要学会听取和考虑他人的意见，共同分析和解决问题。大单元整体教学鼓励学生将所学知识应用于实际生活或实验中，让学生在实践中锻炼和提高自己的问题解决能力。

四、提高学生的自主学习能力

大单元整体教学模式中，由于知识点之间需要连接和融合，因此学生需要更主动地探寻知识间的关系。这种教学模式鼓励学生根据自己的学习节奏和兴趣进行学习，从而培养其自主学习的习惯。学生在面对宽广的知识体系时，需要选择和使用不同的学习资源，如图书、网络资源、实验等，这有助于培养学生的信息筛选和整合能力。

五、增强学生的创新思维

当多个学科的知识被融合在一起时，学生需要找到它们之间的共同点，同时也要从一个学科的角度为另一个学科提供新的观点或解决方案，这有助于培养学生的创新思维。在大单元整体教学中，学生经常被要求解决实际问题或进行实验设计。在这些活动中，学生需要不断尝试和调整，培养创新思维和动手能力。在这种教学模式中，可以将来自不同文化背景的知识和案例融入教学内容，帮助学生了解和尊重其他文化，培养其全球化的视野。通过与不同国家的学校或机构进行项目合作，学生可以与来自不同文化背景的人合作，进一步拓宽视野，培养跨文化交流的能力。

第四节　大单元整体教学的具体实施策略与方法

一、课程内容的整合与组织

在实施大单元整体教学时，首要的任务是对传统的课程内容进行整合与重新组织。在新课程理念下，大单元的划分，有常规型和创新型两种思路（见表6-1），可以是教材中呈现的单元，也可以是视实际情况依据课程标准、大概念对教材重组形成的新单元。

表6-1　划分大单元的两种思路

	界定	优势
常规型	基本不打乱教材的课时顺序，将大概念融入其中	比较容易操作
创新型	根据大概念重新组织课时	紧密围绕大概念展开

对于常规型大单元划分，我们以人教版物理第二十章"电与磁"为例。该章是学生普遍觉得存在学习障碍的地方。课本的编排如图6-9所示，我们再来看看课标的要求，2022年版课标对于这部分课程内容的要求有5个条目，从2.4.1到2.4.5。

▶ 以"电与磁"为例：

第二十章 电与磁　　118

第1节 磁现象 磁场　　119
第2节 电生磁　　124
第3节 电磁铁 电磁继电器　　129
第4节 电动机　　133
第5节 磁生电　　138

2.4 电和磁

2.4.1 观察摩擦起电现象，了解静电现象。了解生产生活中关于静电防止和利用的技术。

例1 举例说明生活中的静电现象。

例2 查阅资料，了解静电防止和利用的常用方法。

2.4.2 通过实验，认识磁场。知道地磁场。

例3 查阅资料，了解我国古代指南针的发明对人类社会发展的贡献。

2.4.3 通过实验，了解电流周围存在磁场。探究并了解通电螺线管外部磁场的方向。了解电磁铁在生产生活中的应用。

2.4.4 通过实验，了解通电导线在磁场中会受到力的作用，并知道力的方向与哪些因素有关。

例4 了解动圈式扬声器的结构和原理。

例5 了解直流电动机的工作原理。

2.4.5 探究并了解导体在磁场中运动时产生感应电流的条件，了解电磁感应在生产生活中的应用。

例6 了解发电机的工作原理。

图6-9　《课标》对"电与磁"的要求

其中，2.4.1我们在第十五章第一节"两种电荷"中已完成学习。2.4.2"通过实验，认识磁场。知道地磁场"和2.4.4"通过实验，了解通电导线在磁场中会受到力的作用，并知道力的方向与哪些因素有关"（此条下面还有对"动圈式扬声器"和"直流电动机"的教学要求），这两个要求的逻辑联系紧密，和第4节"电动机"的教学内容密切相关。但是，学生在学习本章知识的时候往往感觉知识点零散、没有系统，找不到一条逻辑线把本章内容串联起来，经常死记硬背、生搬硬套，尤其死记硬背三个图、三个实验（见图6-10），而且将其理解为并列的关系。

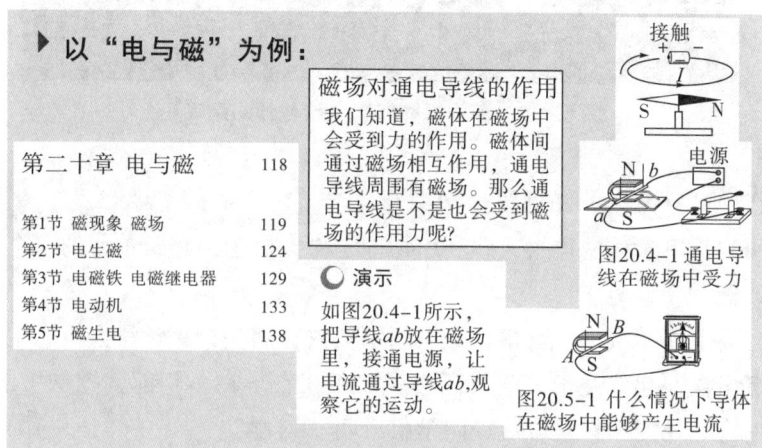

图6-10　并列式地理解三个重要实验

通过对学生的追踪访谈，我们发现学生通过物理的对称美，知道电能生磁，磁也能生电。那么，电动机是什么？是谁发明了电动机？（见图6-11）

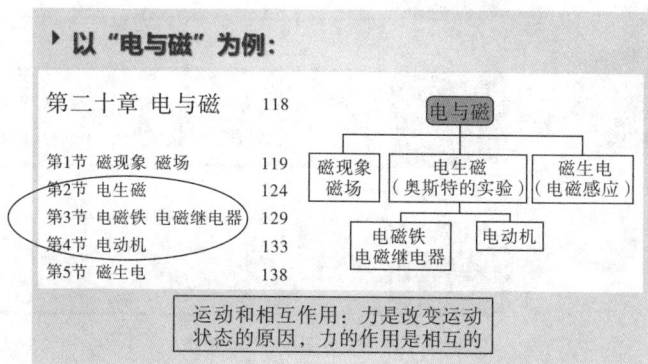

图6-11　大概念统领下的单元结构

这时就需要我们有大单元的意识，要有大局观，把章节脉络打通。我们要帮助学生理顺知识体系和内在逻辑，才能让学生深刻地理解物理概念和规律，最终实现学以致用的目标（见图6-12）。

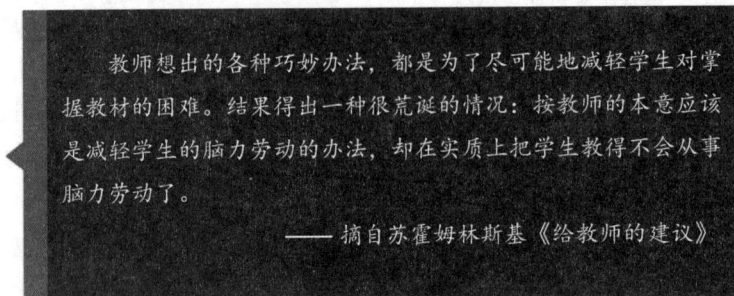

> 教师想出的各种巧妙办法，都是为了尽可能地减轻学生对掌握教材的困难。结果得出一种很荒诞的情况：按教师的本意应该是减轻学生的脑力劳动的办法，却在实质上把学生教得不会从事脑力劳动了。
>
> —— 摘自苏霍姆林斯基《给教师的建议》

图6-12 苏霍姆林斯基《给教师的建议》

创新型又分为三类（见图6-13）。

第一类是单学科内重组，即利用物理学科大概念，将跨单元的多个知识点进行有效整合、重组。

第二类是同领域多学科整合。在同领域内，用一个跨学科大概念把多个学科知识组织在一起，便于关联与迁移。如浙江省早在多年前就把初中的物理、化学、生物等几门学科整合成一门学科，叫"科学"。

第三类是跨领域重组，是用一个大概念或主题把多个领域的多学科知识组织在一起。

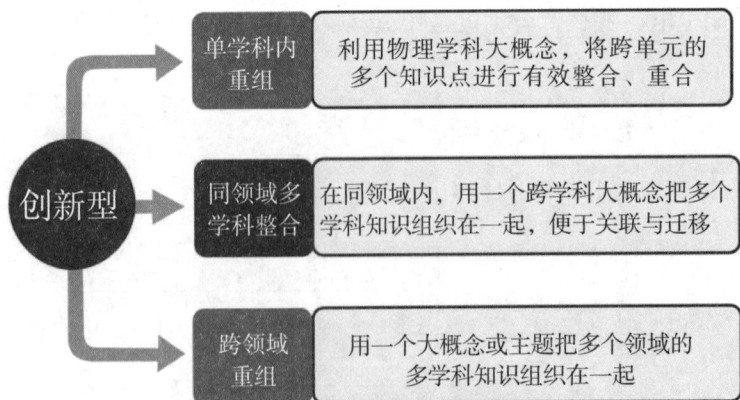

图6-13 创新型的三种分类

以第十章"浮力"为例,《义务教育物理课程标准(2022年版)》对于这部分课程内容的要求是:通过实验,认识浮力,探究并了解浮力大小与哪些因素有关;了解阿基米德原理,能运用物体的浮沉条件说明生产、生活中的一些有关现象。

教材一般也按照"浮力—阿基米德原理—物体浮沉条件及应用"的顺序安排章节。在实践中,教师一般会按照教材章节首先讲解浮力概念,然后带领学生学习阿基米德原理,计算浮力的大小,最后应用阿基米德原理解释物体的浮沉条件。

这种安排遵循"是什么—为什么"的逻辑,可以更加清晰地表达知识,但未能在知识的形成中与学生的生活经验和认知经验建立联系,导致许多学生机械接受教材给出的结论,未能澄清学生的一些错误的前科学概念,从而未使学生形成相应的理解。

何为前科学概念?前科学概念是学生在接受科学教育以前,通过日常生活中的各种途径,对事物、事件和现象等所形成的概括性认识。前科学概念中有些是对客观世界的朴素认识,有些则与科学概念相悖,称为错误概念。

笔者对638名按照这一思路学完"浮力"单元的初三学生进行问卷调查,发现仍有23.68%的学生认为"重的物体下沉,轻的物体上浮",有25.78%的学生认为"浮力的大小与物体的密度有关",这充分说明相当一部分学生的学习是浅表性的,未达到我们的预定目标。

"浮力"是初中学生前科学概念较多的学习内容。通过调查发现,学生共有16种错误的前科学概念,如"漂在水上的物体才受浮力""轻的物体漂在水面上,密度小的物体轻,所以密度小的物体受的浮力大""同样大小的铁块和木块完全浸没于水中,木块所受的浮力大,因为一松手木块就能漂起来""物体在水中越深受的浮力越大,因为将物体往水中按压得越深越费力",等等。

因此,初中物理教学要以学生对于这部分知识的前科学概念为起点设计任务,使学生在完成任务的过程中,逐渐发现前科学概念与科学概念的冲突,经过高阶思维,深刻理解科学概念,并能迁移到未知情境中解决问题。

针对前面学生出现的这些前科学概念,教师从课程标准出发,确定"大单元"教学核心任务:探究为什么物体在水中有的浮、有的沉。在这项核心任务解决的过程中,将会形成逐层递进、构成"大单元"教学结构的子问题:为什么有的物体浮在水面?沉入水中的物体受浮力吗?浮力是怎样产生的?怎样计算浮力的大小?物体浮、沉的条件是什么?

为此,需要将教材中的章节整合与重构为新的教学单元:压强和浮力联系紧密、不可分割,我们会把原第九章、第十章重新整合,教学顺序改为先讲

"压强"，然后讲"液体的压强"，紧接着讲"浮力"，让学生从浮力的成因和本质认识浮力，破除迷思，接着介绍"阿基米德原理"和"物体的浮沉条件及应用"，完成浮力部分的整体教学后，再进入"大气压强"和"流体压强与流速的关系"这部分内容，最后，引导学生综合运用所学知识理解和解释生活中的有关现象（见图6-14）。因此，我们认为大单元要有大观念。

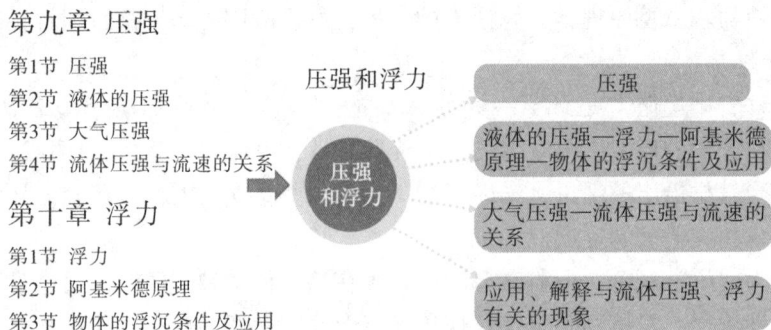

第九章 压强

第1节 压强
第2节 液体的压强
第3节 大气压强
第4节 流体压强与流速的关系

第十章 浮力

第1节 浮力
第2节 阿基米德原理
第3节 物体的浮沉条件及应用

压强和浮力

压强和浮力

压强

液体的压强—浮力—阿基米德原理—物体的浮沉条件及应用

大气压强—流体压强与流速的关系

应用、解释与流体压强、浮力有关的现象

图6-14 大单元视角下的"压强和浮力"单元结构

以第六章"质量与密度"为例，《义务教育物理课程标准（2022年版）》对于这部分课程内容的要求是：知道质量的含义；会测量固体和液体的质量；通过实验，理解密度；会测量固体和液体的密度；能解释生活中与密度有关的一些物理现象。

尽管内容不多，但如果仅仅按照教材中"通过探究同种物质质量和体积的关系得到密度的概念"来设计任务，很难引发学生的深度学习；而设计"实验室有一捆大约50千克的裸细铜丝，请你帮助老师估测这捆铜丝的总长度"这种真实而复杂的任务，则可以更为有效地促进学生的深度学习。

实际上，学生为了完成此任务，首先要分析如何通过测量得到已知条件，以及如何借助已知条件推得须知条件：铜丝的质量和直径可以通过称（测）量获得；通过铜丝的长度和直径可以确定它的体积；如果铜丝的体积和质量有关系，就可以间接得到铜丝的长度。

通过分析，将复杂任务转化为简单的子任务：①通过实验，探究铜的质量和体积是否有关系，具体是什么关系；②通过实验，探究其他金属的质量和体积是否也具有此关系，以证明第一步探究的结果是否具有普遍意义；③在教师的指导下，定义密度概念并学习物理学定义概念的方法；④利用密度概念估测重约50千克的一捆裸细铜丝的长度（见图6-15）。

①通过实验，探究铜的质量和体积是否有关系，具体是什么关系

②通过实验，探究其他金属的质量和体积是否也具有此关系，以证明第一步探究的结果是否具有普遍意义

③在教师的指导下，定义密度概念并学习物理学定义概念的方法

④利用密度概念估测重约50千克的一捆裸细铜丝的长度

图 6 - 15　任务的递进

在完成此任务的过程中，学生不仅学习了密度概念，还能够深入理解密度是自然界物质的属性；为描述物质的属性，物理学采取将一类事物的本质特征抽象、概括、定义概念的方法，并用比值法定义物理量。同时，学生在完成任务的过程中应用了推理、论证等高阶科学思维方法。经过深度学习，完成这个任务后，学生在本单元继续研究如何测量形状不规则物体的密度、液体的密度等，并应用密度概念解释生活中的现象、解决生活中的问题，在应用过程中深入理解物理概念的意义（见图 6 - 16）。

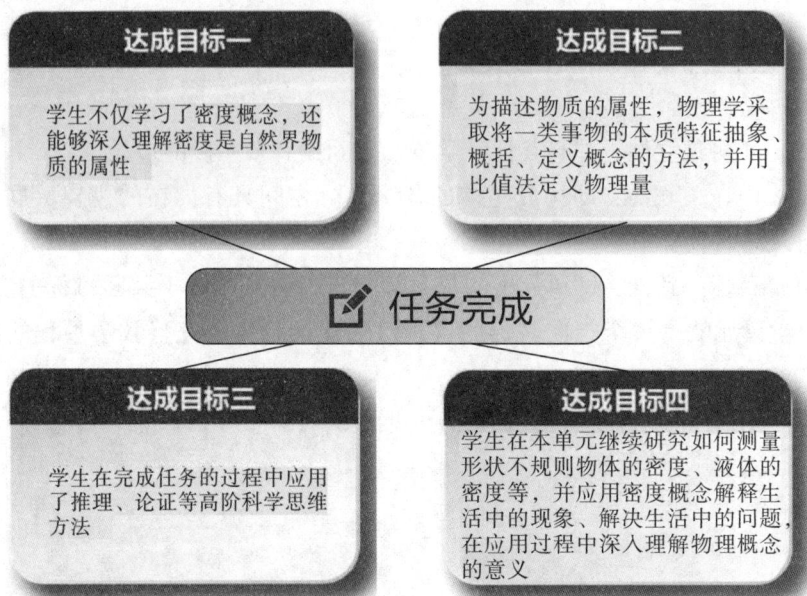

达成目标一

学生不仅学习了密度概念，还能够深入理解密度是自然界物质的属性

达成目标二

为描述物质的属性，物理学采取将一类事物的本质特征抽象、概括、定义概念的方法，并用比值法定义物理量

任务完成

达成目标三

学生在完成任务的过程中应用了推理、论证等高阶科学思维方法

达成目标四

学生在本单元继续研究如何测量形状不规则物体的密度、液体的密度等，并应用密度概念解释生活中的现象、解决生活中的问题，在应用过程中深入理解物理概念的意义

图 6 - 16　任务完成后达成的目标

由此可以看出，就具体知识而言，"密度"单元的内容很简单，但经过设计的大单元任务富含了物质观的建构、科学探究的应用、科学思维的发展和质疑创新的空间，以简单的知识让深度学习成为可能。用大概念去统筹单元学习内容，用大任务、大情境去启动单元学习。

二、大单元整体教学的实施策略

从以上分析我们可以看出，定义大单元的视角可以不同，但每个"教学大单元"都应具有如下四个基本属性（见图6－17）：

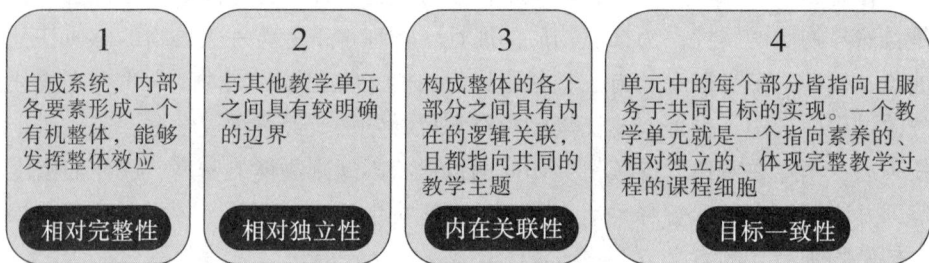

1	2	3	4
自成系统，内部各要素形成一个有机整体，能够发挥整体效应	与其他教学单元之间具有较明确的边界	构成整体的各个部分之间具有内在的逻辑关联，且都指向共同的教学主题	单元中的每个部分皆指向且服务于共同目标的实现。一个教学单元就是一个指向素养的、相对独立的、体现完整教学过程的课程细胞
相对完整性	相对独立性	内在关联性	目标一致性

图6－17　大单元的四个基本属性

（1）相对完整性，即自成系统，内部各要素形成一个有机整体，能够发挥整体效应。

（2）相对独立性，即与其他教学单元之间具有较明确的边界。

（3）内在关联性，即构成整体的各个部分之间具有内在的逻辑关联，且都指向共同的教学主题。

（4）目标一致性，即单元中的每个部分皆指向且服务于共同目标的实现。一个教学单元就是一个指向素养的、相对独立的、体现完整教学过程的课程细胞。

大单元整体教学有以下5个特点（见图6－18）：

▶ **大单元整体教学的特点**

整体性　进阶性　多样性　生本性　创造性

① 整体性是大单元整体教学最突出的本质特征。

② 进阶性即大单元内每节课之间或者大单元之间依据知识的系统性，由浅入深、由易到难的顺序编排。

③ 多样性是指大单元整体教学将知识结构形成、解决问题思路外显、方法模型构建、素材适宜进行有效整合，形成具有多样性的多种体验。

④ 生本性就是以学习者为本的教学理念，这是大单元整体教学设计的基本出发点。

⑤ 大单元整体教学设计体现了教师对单元教学内容和教学方式的独特诠释和理解，是具有创造性的活动。

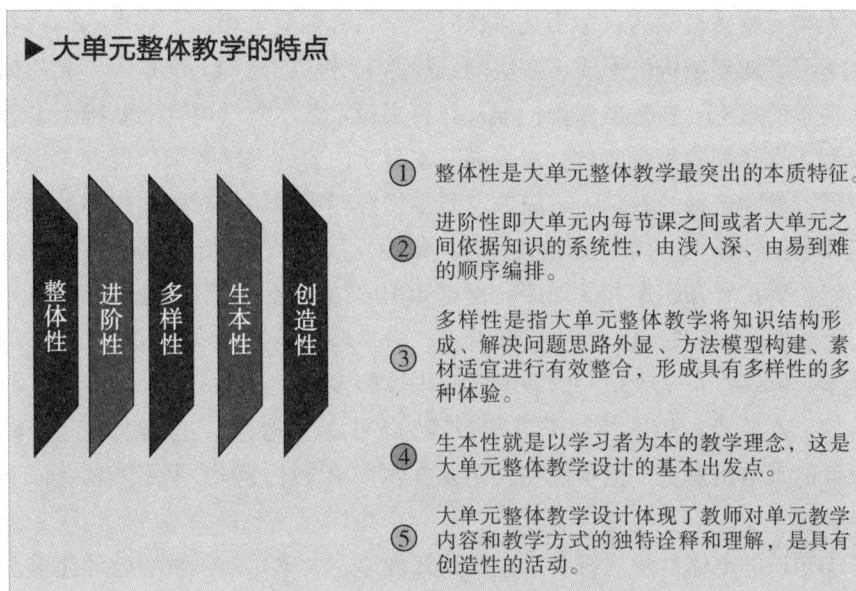

图 6-18　大单元整体教学的特点

（1）整体性。整体性是大单元整体教学最突出的本质特征。系统论认为，系统整体功能不等于构成它的诸要素功能的简单相加，而是大于构成它的诸要素功能之和。对大单元整体教学的倡导，也正是基于对系统功能观的认识。大单元整体教学设计按照"整体设计—依序实施—整体评价"的实施流程，在大单元主题的统摄下，通过对教学内容的整合优化，从宏观上把握教学任务和要求，统筹规划单元中各小节的教学任务，并以此制订整体实施方案，然后依序操作、步步落实，最终通过各节课的教学来完成整体的"既定任务"。在教学实施之后，教师通过整体性评价对教学设计方案进行评估和改进。因此，大单元整体教学设计将教学活动中的每一环节均纳入整个单元教学规划来考虑，这种整体性设计有助于优化学生的认知结构，使学生对知识的掌握更加系统和深入。

（2）进阶性。进阶性即大单元内每节课之间或者大单元之间依据知识的系统性，由浅入深、由易到难的顺序编排，形成教学的坡度和训练的阶梯，使教学有目的、有计划地进行。大单元内各节课之间既相对独立，有各自承担的教学任务和分工，又彼此联系，体现循序渐进的原则，前一节课的内容是后一节课的节点和生长点，教学活动呈阶梯式前进。

（3）多样性。多样性是指大单元整体教学将知识结构形成、解决问题思路外显、方法模型构建、素材适宜进行有效整合，形成具有多样性的多种体验。大单元整体教学的目标不是单课时教学目标的简单相加。知识间的内在联系、学习者知识结构的形成、解决问题思路和方法的建构，都是大单元整体教学所追求的目标。在根据课程标准及教科书确定基本教学内容的基础上，教师还要考虑选择哪些教学素材，以提高基本教学内容的教学效果，促进学生认识的发展。教师选择的教学内容应该与基本内容紧密联系，对基本内容的掌握起决定或辅助性作用，同时位于学生的"最近发展区"，具有可接受性。教学内容的组织要符合知识序和认知序，促进知识的结构化。最后，教师依据单元教学目标、教学内容特点、学生实际特点、教学环境条件等选择教学方法，尽可能使学生能够在一个大单元的教学时间内体验多种学习方式。

（4）生本性。生本性就是以学习者为本的教学理念，这是大单元整体教学设计的基本出发点。生本性在大单元整体教学设计过程中主要体现在以下两个方面：

①知识的整体性建构符合学生的认知规律。大单元整体教学设计注重对单元内相关知识点内在联系的挖掘和知识体系的整体建构，通过对教材内容的重组，形成了以核心知识（基本概念及由内容所反映的基本思想）为联结点的知识网络，有利于教学内容的结构化。大单元整体教学设计在实施过程中注重单元知识内容的层次结构、张弛有序、循序渐进，符合学生的认知规律。

②学科素养目标的落实符合学生的发展规律。学科素养目标着眼于学生的全面发展。教师在施教过程中，知识与技能目标较为清晰，也容易落实，而学科素养目标却难以在每一节课都能找到相应的落实方法和途径，如果按照单课时来设计这两个维度的教学目标，势必存在实施时间短和实效性差的问题。大单元整体教学设计通过优化教学内容、丰富教学方式、创设教学情境等途径将学科素养目标逐步深化，并贯穿于整个单元教学的始终，符合学生的发展规律，可以促进学生全面和谐地发展。

（5）创造性。创造性是大单元整体教学设计的重要特征之一。大单元整体教学设计体现了教师对单元教学内容和教学方式的独特诠释和理解，是具有创造性的活动。在大单元整体教学设计中，单元的划分并没有现成的模式可以遵循，它往往需要教师对教材中相关的内容进行恰当、合理、创造性的重构。而划分的标准取决于教师对相应知识的理解深度以及对学生的了解程度，是教师教学能力和教学智慧的体现。此外，在大单元整体教学设计中，课时规划的弹性及教学方式的灵活性都有助于教师的创造性探索。

大单元整体教学的环节及内容如图 6-19 所示。

环节 ←——————→ 内容

| 构建大单元 | 分析课程标准相关内容要求、学业要求以及教材编排，构建一个中心目标导向的、符合大单元基本属性的教学单元，划分教学课时 |

↓

| 制定素养目标 | 基于课程标准要求、大单元内容、学生特点以及教学资源的综合分析，制定素养目标。以总述单元目标及分述课时目标的方式呈现和表述 |

↓

| 设计教学评价 | 课堂中将评价任务嵌于教学过程中，课后精选作业、精心设计单元练习，以获得教学目标达成的证据。体现"教学评"的一致性 |

↓

| 分析学习起点 | 分析与大单元内容相关的、学生已有的知识经验、前科学概念、学习困难等，为相应教学策略的制订找到依据 |

↓

| 生成学习过程 | 以大任务（或观念、项目、问题）的逻辑，将大单元相关知识和内容结构化，设计在真实情境下的任务与活动的整体框架，以及每个课时的具体展开方式 |

↓

| 反思教学效果 | 教师基于教学评价的证据，反思教学设计的成功和不足之处，以改进教学，促进师生共同发展；学生通过反思养成学科素养 |

环节 ←——————→ 内容

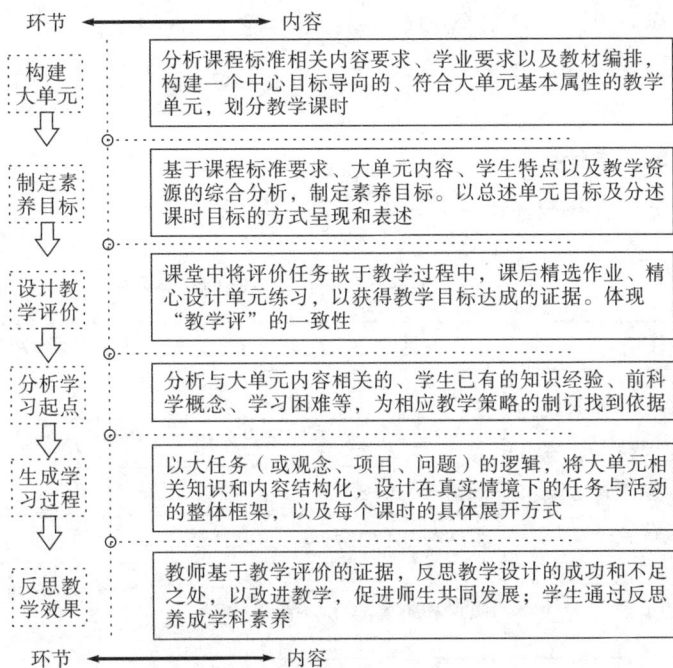

图 6 - 19　大单元整体教学的六个环节

三、大单元整体教学实践案例

案例一：第六章"质量与密度"大单元整体教学设计

第六章　"质量与密度"单元概览

一、你愿意接受挑战吗?

在北京冬奥会上，冰墩墩凭借其可爱的造型圈粉，现市场上有冰墩墩黄金吊坠售卖，"冰墩墩黄金吊坠"是由什么材料制成的呢? 我们怎样才能鉴别出来?

要解决以上问题，我们需要先做哪些知识准备呢? 让我们一起来了解本章的主要内容和知识要点。

本章知识与生活联系密切，希望通过本章的学习，我们能了解：质量的概念及其测量，天平的使用方法，什么是密度，怎样测固体、液体的密度。了解密度在生活、生产和社会等方面的应用和对人类生活的影响，从而获得更多的实际知识，培养学习科学的兴趣。通过实验和探究，我们在学习知识的同时，能够培养观察能力、设计实验能力、动手操作能力，以及应用密度知识解释简单现象的能力。

二、你需要学什么?

本单元学习内容与课时安排见表6-2。

表6-2　本单元学习内容与课时安排

大任务	课时内容	指向学科核心素养	课时
在北京冬奥会上，冰墩墩凭借其可爱的造型圈粉，现市场上有冰墩墩黄金吊坠售卖，"冰墩墩黄金吊坠"是由什么材料制成的呢? 我们怎样才能鉴别出来?	质量	物理观念	1
	密度	物理观念、科学思维	1
	测量物质的密度	科学探究	1
	密度与社会生活	科学思维、科学态度与责任	1
	质量和密度单元小结	物理观念、科学思维、科学态度与责任	1

具体学习内容如图6-20所示。

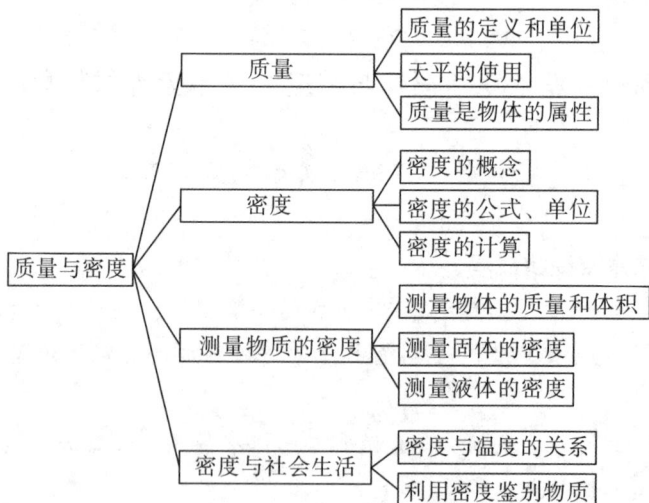

图6-20　本单元具体学习内容

三、你将会学什么?

(1) 知道质量的含义，会使用天平和电子秤测量固体和液体的质量，理解质量不随物体位置、形状和状态的改变而改变，培养动手能力和变式思维。

（2）通过实验探究，理解密度的概念，并会用密度公式计算物体的密度。

（3）会做测量物质密度的实验，并会对实验进行误差分析，提高科学探究的能力。

（4）会应用密度的知识解释生活中的有关现象及解决实际问题，理解密度和温度的关系，提高用物理知识解决问题的能力。

四、给你支招

（1）本单元位于人教版《物理》八年级上册，质量和密度是初中物理力学的基础。学习本单元之前，我们已经对物理实验和物理概念有一定的学习基础，学习了质量和密度，可以为后面力学的学习打下基础。冰墩墩或者其他物质的鉴别都需要用到密度的知识，通过本单元的学习，我们能用密度知识解释生活中有关的物理现象，学会从生活中发现物理，再用物理来解释生活。

（2）本单元的学习涉及密度的公式应用及电子秤、天平的使用等操作，需要我们有较好的动手能力以及基本的数理计算能力。本单元的学习以如何鉴别冰墩墩的材质作为大任务，先解决如何测量冰墩墩质量的问题，并通过排水法用量筒测量体积，接着利用密度公式计算得到密度，再利用密度知识鉴别材料，最后了解密度的应用。

（3）本单元的重点是密度概念的建立和测量物体密度的实验；难点是理解密度与温度的关系和应用密度公式及其变形式进行计算。我们可以通过"评价任务""作业与检测"的完成情况来判断自己对学习目标的达成情况。

第一节　质量

【主题课时】

人教版《物理》八年级第六章第一节。

【课标要求】

1. 通过实物对比、形象思维抽象出质量的概念。

2. 通过规范练习使用天平，培养认真操作、自觉遵守操作规范的良好习惯。

3. 通过动手实验探究，讨论归纳出质量是物体本身的一种属性。

【学习目标】

1. 通过实物的对比、形象思维抽象出质量的概念。结合生活实例，初步认识常见的质量大小及单位。

2. 通过阅读天平使用说明书来使用天平，培养会看会用说明书的能力，增强物理源于生活、服务于生活的意识。通过实际动手操作、小组讨论总结掌握天平的使用方法。通过天平使用的技能训练，培养严谨的科学态度与协作精神。

3. 通过观察、实验，认识质量是不随物体的形状、状态、地理位置改变而变化的物理量。

【评价任务】

1. 完成任务一中的评价1（检测目标1）。

2. 完成任务二中的评价2（检测目标2）。

3. 完成任务三中的评价3（检测目标3）。

【资源与建议】

"质量"和"密度"是物理学中的两个基本概念，也是常用的物理量，还是以后学习"压强""浮力"等力学知识的基础。本节从我们熟悉的一些物体出发，初步认识不同物体所含物质的多少是不同的，理解"质量"的概念，学习质量的单位。对质量有大体的概念后，通过估计物体的质量并进行测量，学习用天平测量质量。在进行测量的过程中，要求一边进行实验一边思考，掌握正确的操作方法。

【学习过程】

在北京冬奥会上，冰墩墩凭借其可爱的造型圈粉，现市场上有各类冰墩墩物品售卖，连雪糕都出了冰墩墩同款。昨天老师买了一支冰墩墩雪糕，在雪糕包装纸上做好标记，在家用厨房电子秤上称，显示65 g。这个65 g是指雪糕的什么属性呢？

任务一：认识常见的质量大小及单位。

情境1：展示标记的冰墩墩雪糕，观看在家用电子秤上称冰墩墩雪糕的视频。

问题1：65 g指的是雪糕的什么属性？

问题2：什么是质量？

问题3：质量的单位是什么？

评价1（检测目标1）：

1. 阅读课本第108页小资料，完成以下质量的估测：

一枚大头针的质量约为_____ mg = _____ kg；

一个苹果的质量约为_____ g = _____ kg；

一头大象的质量约为_____ t = _____ kg；

一名中学生的质量约为_____ kg = _____ g；

一枚鸡蛋的质量约为_____ g = _____ mg。

2. 一个物体的质量是200 g，这个物体可能是(　　)。

A. 一张课桌　　B. 一本书　　　C. 一支铅笔　　　D. 一个学生

任务二： 阅读天平使用说明书来使用天平。

情境2： 冰墩墩雪糕和一块差不多体积的橡皮泥，谁的质量大？可以使用什么仪器测量？

1. 认识电子秤，联系实际认识生活中常见的测量质量的工具。

2. 认识实验室常用测量质量的工具——托盘天平。

3. 阅读托盘天平使用说明（第108~109页）。

注意事项：

①物体的质量不能超过天平的称量（即天平所能称量的最大质量）。

通过观察天平的铭牌了解你的天平称量：_____g。

②用镊子加减砝码和移动游码，不能用手接触砝码或游码，不能把砝码和游码弄湿、弄脏。

③潮湿的物体和化学药品不能直接放到天平的托盘中。

使用方法：估、放、调、称、记

①估计待测物体的质量，不可超过天平的称量。

②将天平水平放置。

③将游码移到标尺左端零刻度线上，调节平衡螺母，使指针在分度盘中央（左偏右调，右偏左调）。

④左盘放被测物体，用镊子在右盘加减砝码（左物右码），加砝码应从大到小，移动游码，使天平平衡（不能再调节平衡螺母）。

⑤物体的质量＝砝码的质量＋游码的示数＋单位（游码以左边对齐为准）。

4. 分组实验，测量雪糕和橡皮泥的质量。

评价2（检测目标2）：

1. 怎样用天平称量液体的质量？请认真观察同学上台演示的操作，指出有问题的地方。

2. 试一试用电子秤来测液体质量吧，你能说一说怎样用电子秤"去皮"吗？

任务三：认识质量是不随物体的形状、状态、地理位置改变而变化的物理量。

情境3：雪糕从老师家到学校课室，位置改变了。雪糕从冰箱取出一段时间后熔化成液态，状态改变了。它的质量是否发生了变化？

1. 讨论质量与物体所处地理位置的关系。

2. 讨论质量与物体状态的关系。

3. 探究质量与物体形状的关系。

请设计实验验证：物体质量不随物体形状的变化而发生改变。

实验器材：橡皮泥、托盘天平。

实验步骤：

①测量物体的质量。

②改变它的形状后再测量一次（总质量）。

讨论总结：质量是物体本身的一种属性，与形状、状态、位置无关。

评价3（检测目标3）：

一枚鸡蛋的质量为50 g，一枚鹅蛋的质量为0.26 kg，鹅蛋质量是鸡蛋的_____倍；将鸡蛋放进冰箱，温度降低、质量_____（选填"减小""增大"或"不变"）；将鹅蛋带到月球，质量_____（选填"减小""增大"或"不变"）。

【作业与检测】

1. 下列质量最小的是(　　)。

A. 0.13 g　　　　B. 125 mg　　　C. 1.2×10^{-4} kg　　　D. 1.29×10^{-7} t

2. 给下列数值填上适当的单位。

(1) 一名中学生的质量约为 50 _____。

(2) 一个苹果的质量约为 120 _____。

(3) 一头大象的质量约为 6 _____。

(4) 一枚鸡蛋的质量约为 50 _____。

(5) 一枚大头针的质量约为 80 _____。

3. 小明同学从下列四个物体中选择了一个 100 g 的物体, 该物体可能是(　　)。

A. 一支铅笔　　　　　　　　　B. 一瓶 550 mL 的矿泉水

C. 一袋方便面　　　　　　　　D. 一个铅球

4. 下列关于质量的说法中正确的是(　　)。

A. 1 kg 铜比 1 kg 棉花的质量大

B. 水全部结成冰后, 体积增大, 质量也增大

C. 不考虑升华, 将铁块从 20 ℃加热到 90 ℃后, 铁的质量不变

D. 将一个铜块放在实验室中和教室中, 质量是不同的

5. 为了避免人体肩部受到伤害, 专家建议人肩负的书包总质量不要超过人体质量的 15%。根据建议, 你估计中学生肩负的书包总质量通常不要超过(　　)。

A. 9 t　　　　　　B. 9 kg　　　　　C. 9 g　　　　　D. 9 mg

6. 用天平测小石块质量的实验中, 有如下实验步骤:

①将游码移至标尺左端的零刻度线处。

②将托盘天平放置在水平工作台面上。

③在天平的左盘放入小石块。

④调节平衡螺母, 使天平横梁平衡。

⑤用镊子在右盘中加减砝码, 移动游码, 使天平平衡。

⑥正确读出砝码和游码的示数。

正确的操作顺序是(　　)。

A. ①②③④⑤⑥　　　　　　　B. ②①④③⑤⑥

C. ②③①④⑤⑥　　　　　　　D. ③②①④⑤⑥

7. 用一个量程是 120 g 的天平, 按照下面的步骤称量物体的质量 (见图

6-21），请指出出现的错误：

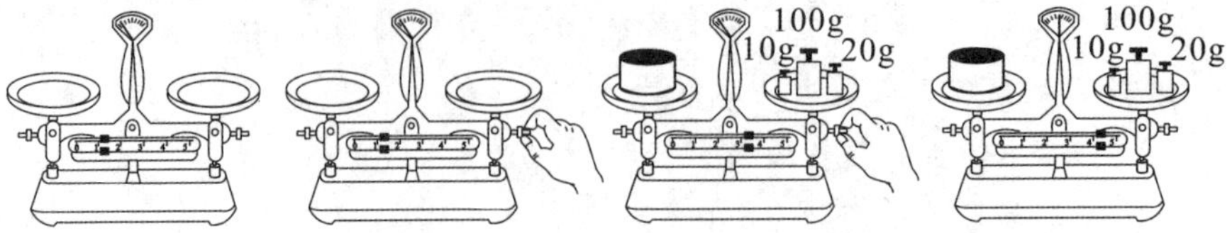

图6-21

①将天平放在水平台上　　②调天平平衡
③测量物体的质量　　④记下物体的质量

错误1：＿＿＿＿＿＿＿＿＿＿＿＿＿＿＿＿＿

错误2：＿＿＿＿＿＿＿＿＿＿＿＿＿＿＿＿＿

错误3：＿＿＿＿＿＿＿＿＿＿＿＿＿＿＿＿＿

8. 关于天平的使用，下列说法中正确的是（　　）。

A. 称量时物体放左盘，砝码按从小到大的顺序添加到右盘

B. 读取游码在标尺上所对的刻度值时应以游码左边缘为准

C. 若砝码生锈，则称量结果偏大

D. 称量时若指针右偏，应该继续加砝码

9. 用天平称1粒米的质量，下列做法中比较简单而又比较准确的是（　　）。

A. 先称出100粒米的质量，再通过计算求得

B. 把1粒米放在一只杯子里，先称出其总质量，再减去杯子的质量

C. 把1粒米放在天平上仔细测量

D. 把1粒米放在天平上，多次测量再求平均值

10. 小明在一包未开封的A4打印纸的包装上发现了"70 g"的字样（见图6-22），他认为这种A4纸每张的质量是70 g，请你通过实验验证他的想法是否准确。

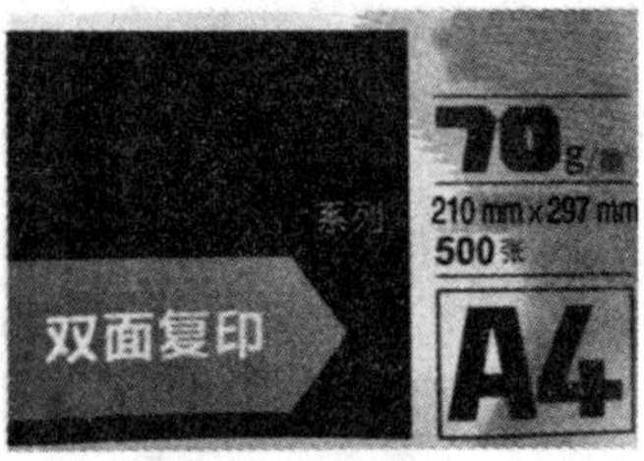

图6-22

【学后反思】

1. 一些食品（如绿豆）的质量比较小，你能测出一颗绿豆的质量吗？说一说你的测量方法。

2. 当你不知道新电器如何使用时，你会尝试查阅说明书吗？

第二节　密度

【主题课时】

人教版《物理》八年级第六章第二节。

【课标要求】

1. 通过探究实验，理解密度的定义。

2. 会用密度公式进行计算。

【学习目标】

1. 通过完成"探究物质质量与体积的关系"的实验，学会用比值法得出密度的定义，培养初步的动手实验能力、归纳分析及概括能力。

2. 理解密度单位的写法、读法和换算，会用密度公式进行计算。

【评价任务】

1. 完成任务二中的评价1（检测目标1）。

2. 完成任务三中的评价2（检测目标2）。

【资源与建议】

"密度"是物理学中的基本概念，也是常用的物理量，又是以后学习"压强""浮力"等力学知识的基础。本节从已有的"体积相同的不同物质质量不同"这一经验引入，通过经历"探究物质质量与体积的关系"过程，得出"同种物质质量与体积成正比，且比值是一定值"和"不同的物质质量与体积的比值不同"，在此基础上形成密度的概念。

【学习过程】

在北京冬奥会上，冰墩墩凭借其可爱的造型圈粉，现市场上有冰墩墩黄金吊坠售卖，"冰墩墩黄金吊坠"是由什么材料制成的呢？我们怎样才能鉴别出来？

任务一：引出密度的概念（指向目标1）。

问题1：在北京冬奥会上，冠军、亚军和季军的奖牌体积相同，但是它们的质量相同吗？或者说体积相同的不同物质质量相同吗？

实验1（观察实验）：用电子秤称出体积相同的铁块、铝块和木块的质量，并进行比较。

实验结果（见表6-3）：

表 6-3

物体	铁块	铝块	木块
质量/ g			

结论 1：体积相同的不同物体，质量 _____ （选填 "相同" 或 "不同"）。

问题 2：相同质量的物体体积相同吗？如不同，我们能否用托盘天平来区别不同的液体呢？

实验 2（观察实验）：用托盘天平区分水和酒精。把水和酒精分别倒入烧杯中，放置于天平的两盘上，通过加减液体，让两杯液体质量相等，比较它们的体积是否相同。

结论 2：相同质量的水和酒精，体积 _____ （选填 "相同" 或 "不同"）。

问题 3：同种物质，它的质量与体积有什么关系呢？

实验 3（分组实验）：探究同种物质质量与体积的关系（见表 6-4、表 6-5）。

表 6-4

物质	质量/ g	体积/ cm³	(质量/体积) / (g·cm⁻³)
铁块 1		10	
铁块 2		20	
铁块 3		30	

表 6-5

物质	质量/ g	体积/ cm³	(质量/体积) / (g·cm⁻³)
铝块 1		10	
铝块 2		20	
铝块 3		30	

处理数据，在图 6-23 的坐标系中画出铁块和铝块的 $m-V$ 图。

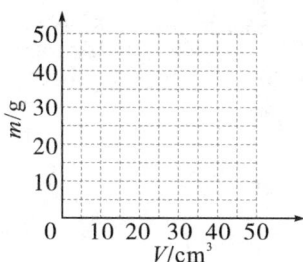

图 6 - 23

结论 3：同种物质，其质量与体积之比＿＿＿＿＿＿＿＿＿＿＿（选填"相同"或"不同"）。

不同物质，其质量与体积之比＿＿＿＿＿＿＿＿＿＿＿（选填"相同"或"不同"）。

任务二：认识密度的公式、单位、密度表（指向目标1）。

单位体积的质量反映了物质的一种特性。物理学中，把某种物质单位体积的质量叫作这种物质的密度。

密度的定义：某种物质单位体积的质量叫作这种物质的密度。表示符号：ρ。

$$密度 = \frac{质量}{体积} \qquad \rho = \frac{m}{V}$$

符号的意义及单位：

ρ——密度，单位为千克每立方米（kg/m^3）；

m——质量，单位为千克（kg）；

V——体积，单位为立方米（m^3）。

问题 4：固体、液体和气体的密度各有什么特点？同密度的一定是相同的物质吗？同种物质在不同的状态下密度一定相同吗？

翻阅课本的密度表，找到答案。

翻阅密度表，查到水的密度是＿＿＿＿＿＿＿＿＿＿＿＿＿＿＿＿＿＿＿＿。

物理意义是＿＿＿＿＿＿＿＿＿＿＿＿＿＿＿＿＿＿＿＿＿＿＿＿＿＿。

评价 1（检测目标1）：

1. $1\ m^3 = $＿＿＿＿＿＿＿ $dm^3 = $＿＿＿＿＿＿＿ cm^3。

2. $1 \times 10^3\ kg/m^3 = $＿＿＿＿＿＿＿ g/cm^3。

3. 一瓶水倒掉一部分，则剩余部分的水的质量_____，体积_____，密度_____。

4. 根据公式 $\rho = \dfrac{m}{V}$，下列说法中正确的是(　　)。

A. 物质的密度和它的质量成正比

B. 物质的质量和它的体积成正比

C. 物质的质量和它的体积成反比

D. 物质的密度和它的体积成反比

任务三： 用密度公式进行简单的计算（指向目标2）。

问题5： 如何利用密度公式来进行计算？

密度公式的变形式为 _____。

评价2（检测目标2）：

在北京冬奥会上，冰墩墩凭借其可爱的造型圈粉，现市场上有冰墩墩黄金吊坠售卖，"冰墩墩黄金吊坠"的质量为1.6 g，据官网介绍，该黄金吊坠为纯黄金打造，查阅密度表知道黄金的密度为19.32 g/cm³，求该吊坠的体积。

【作业与检测】

1. 图6-24是探究甲、乙两种物质质量跟体积关系的图像，以下叙述正确的是(　　)。

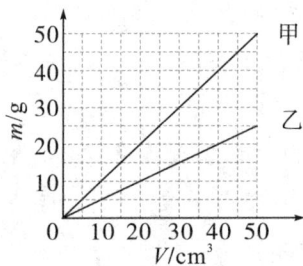

图6-24

A. 甲物质的质量跟体积的比值比乙物质大

B. 乙物质的质量跟体积的比值比甲物质大

C. 同种物质的质量跟体积的比值是不同的

D. 不同物质的质量跟体积的比值是相同的

2. 李明同学阅读了表 6 – 6 后，得出了一些结论，其中错误的是（　　）。

表 6 – 6　一些物质的密度

物质	密度/（kg·m^{-3}）	物质	密度/（kg·m^{-3}）
水	1.0×10^3	水银	13.6×10^3
冰	0.9×10^3	干松木	0.5×10^3
煤油	0.8×10^3	铜	8.9×10^3
酒精	0.8×10^3	铅	11.3×10^3

A. 体积相同的冰和水，冰的质量大

B. 一定质量的水结成冰后，体积变大

C. 质量相等的酒精和煤油，它们的体积相等

D. 体积相等的实心铜块和实心铅块，铜块的质量比铅块的质量小

3. 规格相同的瓶子装了不同的液体，放在横梁已平衡的天平上，如图 6 – 25 所示，则（　　）。

A. 甲瓶液体质量较大

B. 乙瓶液体密度较大

C. 乙瓶液体质量较大

D. 两瓶液体密度相等

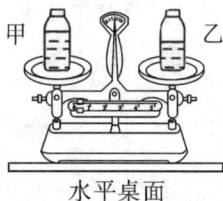

图 6 – 25

4. 图 6 – 26 是市场上出售的某品牌食用调和油（$1 \text{ L} = 1 \text{ dm}^3$），已知瓶内调和油的密度为 $0.92 \times 10^3 \text{ kg/m}^3$，则该桶油的质量是_____ kg。如果该桶调和油用去一半，则剩余半桶调和油的密度将_____（选填"变大""变小"或"不变"）。

5. 某同学要测量一卷粗细均匀的铁丝的长度，已知铁丝的横截面积 $S = 5 \times 10^{-2} \text{ cm}^2$，铁的密度 $\rho = 7.9 \text{ g/cm}^3$，他记录的主要测量数据如下，请你帮他填写完整。

图 6 – 26

（1）用已调好的天平测出这卷铁丝的质量 $m = 158 \text{ g}$。

（2）计算出这卷铁丝的体积 $V = $_____ cm^3。

（3）计算出这卷铁丝的长度 $L = $_____ cm。

6. 据报道，今年"荔枝王"重 2 两 2，即单颗荔枝的质量达到 110 g。若这颗荔枝的体积是 $1 \times 10^{-4} \text{ m}^3$，它的密度是多少（单位：$\text{kg/m}^3$），合多少 g/cm^3？

【学后反思】

1. 本节课，我们是如何得出密度的概念的，用了什么方法？

2. 对哪个环节还有疑问，应如何去解决？

第三节　测量物质的密度

【主题课时】

人教版《物理》八年级第六章第三节。

【课标要求】

1. 会用天平和电子秤测物体的质量，会用量筒测物体的体积。

2. 通过探究实验，掌握测量液体和固体密度的方法。

【学习目标】

1. 会用天平和电子秤测量固体、液体的质量，学会量筒的使用方法，一是用量筒测量液体体积的方法；二是用量筒测量不规则形状物体体积的方法。

2. 通过探究活动学会用密度公式 $\rho = \dfrac{m}{V}$ 测量固体的密度，并学会利用物理公式间接地测定一个物理量的科学方法。

3. 通过探究活动学会用密度公式 $\rho = \dfrac{m}{V}$ 测量液体的密度，并学会对实验过程进行误差分析，培养严谨的科学态度。

【评价任务】

1. 完成任务一中的评价1（检测目标1）。

2. 完成任务一中的评价2（检测目标1）。

3. 完成任务二中的评价3（检测目标2）。

4. 完成任务三中的评价4（检测目标3）。

【资源与建议】

本课涉及天平、电子秤和量筒等测量工具的使用，需要我们动手实验进行测量，本节课的流程分为三步：学会用质量和体积测量工具测量固体和液体的质量和体积；根据 $\rho = \dfrac{m}{V}$ 完成测量小石头密度的实验；根据 $\rho = \dfrac{m}{V}$ 完成测量牛奶密度的实验，并学会误差分析。

【学习过程】

在北京冬奥会上，冰墩墩凭借其可爱的造型圈粉，现市场上有冰墩墩黄金吊坠售卖，"冰墩墩黄金吊坠"是由什么材料制成的呢？我们怎样才能鉴别出来？

我们可以通过上节课所学的密度公式，首先分别测出其质量和体积，再用密度公式计算出它的密度，查阅密度表得到答案。那整个实验是如何做的呢？我们用小石头来探究一下测量物体密度的实验过程吧。

任务一：测物体的质量和体积（指向目标1）。

问题1：如果要测量吊坠的质量，需要用到什么测量工具？

需要托盘天平或者电子秤（见图6-27）。

图6-27

实验：用电子秤测液体的质量时，把烧杯先放在电子秤上，按下清零键，再倒入待测液体进行测量。这样的好处是不需要测出空烧杯的质量，我们试着操作一下。

问题2：测量液体的体积时，需要用到什么测量工具？

评价1（检测目标1）：

1. 量筒是以什么单位标度的？是毫升（mL）还是立方厘米（cm^3）？1 mL = _____ cm^3。

2. 量筒的最大测量值（量程）是多少？量筒的分度值（最小测量值）是多少？

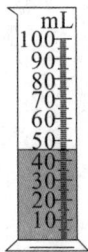

图6-28

3. 如何读数？在图6-28中画出是如何读数的？图6-28中的液体体积是多少？

问题3：测量形状规则的固体体积时，需要用到什么测量工具？测量形状不规则的固体呢？

用刻度尺可以测量出物体的长和宽，再根据数学知识算出规则固体的体积。

评价2（检测目标1）：

用排水法（见图6-29）测出不规则固体的体积，不规则石块的体积为_____。

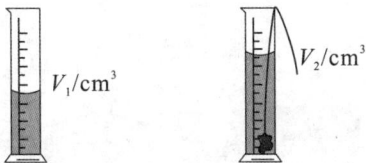

石块放入前水的体积　　石块和水的总体积

图6-29

任务二：测量不规则固体的密度（指向目标2）。

1. 实验器材：天平、量筒、水、烧杯、不规则的小石块。

评价3（检测目标2）：补充完整实验步骤。

2. 测量步骤（见图6-30）：

（1）用_____测出石块的质量_____；

（2）用_____测出水的体积_____；

（3）用细线将石块系好，慢慢放入量筒中，测出_____；

（4）小石块密度表达式为_____。

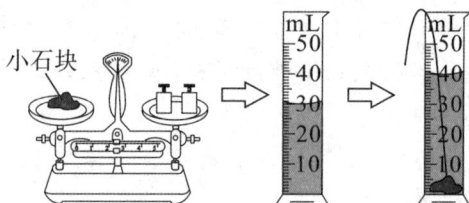

图6-30

3. 完成实验，将数据填入表6-7中，计算出结果。

表6-7

石块的质量 m/g	石块放入前水的体积 V_1/cm^3	石块和水的总体积 V_2/cm^3	石块的体积 $V = V_2 - V_1$/cm^3	石块的密度 ρ/（g·cm^{-3}）

课后，我们可以用同样的方法测出"冰墩墩黄金吊坠"的密度。

任务三：测量牛奶的密度（指向目标3）。

现在"认养一头牛"纯牛奶风靡市场，我们用密度的知识来测一下该牛奶的密度。

讨论方案：

1. 实验器材：天平、量筒、牛奶、烧杯。

2. 测量步骤：

（1）用天平测出空烧杯的质量为 m。

（2）往烧杯中倒入少量牛奶，用天平测出牛奶和烧杯的总质量为 m_1。

（3）将烧杯中的牛奶慢慢倒入量筒中，测出牛奶的体积为 V。

（4）牛奶密度的表达式为 ＿＿＿＿＿＿＿＿＿＿。

3. 小组讨论分析：这样做实验会不会存在较大的误差，哪一个步骤会引起误差，如何改进实验才能尽量减小误差？

＿＿＿＿＿＿＿＿＿＿＿＿＿＿＿＿＿＿＿＿＿＿＿＿＿＿＿＿＿。

改进方案：

1. 实验器材：天平、量筒、牛奶、烧杯。

2. 测量步骤（见图 6-31）：

（1）用＿＿＿＿＿＿测出＿＿＿＿＿＿的总质量 m_1。

（2）将一部分牛奶倒入量筒中，读出量筒中牛奶的体积 V。

（3）用天平测出 ＿＿＿＿＿＿＿＿＿＿＿＿＿＿＿＿＿＿。

（4）牛奶密度的表达式为 ＿＿＿＿＿＿＿＿＿＿＿＿＿＿＿＿。

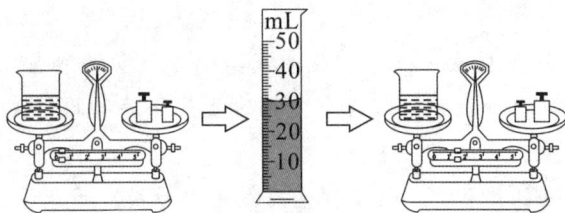

图 6-31

3. 把表 6-8 设计好，完成实验，计算出结果。

表 6-8

烧杯的质量 m_1/g		量筒中牛奶的体积 V/cm^3	牛奶的密度 $\rho/$（g·cm^{-3}）

评价 4（检测目标 3）：

用电子秤和量筒测量牛奶的密度，写出实验步骤（可作图或图文结合）和最后所求密度的表达式，并设计出实验数据记录表格。

【作业与检测】

1. 某同学家中有一个紫砂壶，他很想知道紫砂壶的密度，于是将此壶带到学校实验室进行测量（所用仪器见图6-32）。

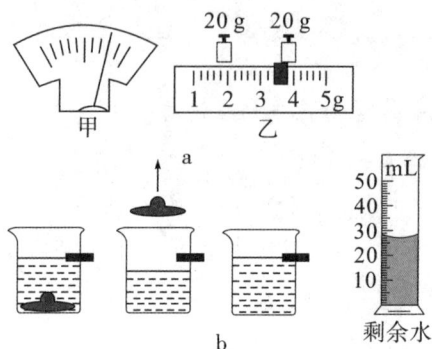

图 6-32

（1）将壶盖放在左盘中，在右盘增减砝码并移动游码直至横梁在水平位置平衡。当天平再次平衡时，右盘中砝码的质量和游码的位置如图 6-32a 所示，则壶盖的质量为_____ g。

（2）测量壶盖的体积时，他发现壶盖放不进量筒，于是设计了如图6-32b所示的步骤：

a. 往烧杯中加入适量的水，把壶盖浸没，在水面到达的位置上做标记；

b. 然后取出壶盖；

c. 先往量筒装入40 mL的水，然后将量筒的水缓慢倒入烧杯中，使水面到达标记处，量筒里剩余水的体积如图 6-32 所示，则壶盖的体积为_____ cm³。

（3）该紫砂壶密度为_____ kg/m³。

（4）根据以上步骤，你认为这名同学测出的紫砂壶密度比真实值_____（选填"偏大"或"偏小"）。

2. 某中学环保小组在珠江边取适量江水样品，分别进行了江水密度的测量（所用仪器见图6-33）。

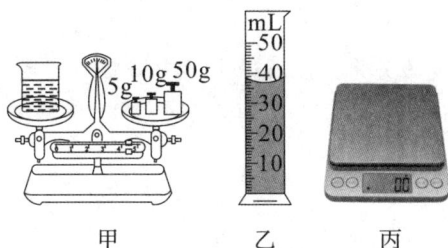

图 6 – 33

（1）小薇把样品带回学校，用天平和量筒做了如下实验：

①将天平放在_____台上，把游码移到零刻度线处，发现指针指在分度盘的左侧。要使横梁平衡，应将平衡螺母向_____（选填"右"或"左"）调，直至天平平衡；

②用天平测出空烧杯的质量为 30 g，在烧杯中倒入适量的江水样品，测出烧杯和江水的总质量如图 6 – 33 甲所示，则烧杯中江水的质量为_____g，然后将烧杯中的江水倒入量筒（见图 6 – 33 乙），则江水的密度为_____g/cm³；

③小薇用这种方法测出的江水密度比真实值_____（选填"偏大"或"偏小"）。

（2）小亮把样品带回家，用家里的一台电子秤（见图 6 – 33 丙）和没喝完的半瓶纯净水，做了如下实验：

①用电子秤测出半瓶纯净水的总质量为 m_1，并用笔在瓶身水面位置标记为 A；

②把瓶中的水全部用来浇花，然后吹干，用电子秤测出空瓶的质量为 m_2；

③把江水慢慢倒入空瓶中，直至液面与_____相平，再用电子秤测出瓶的总质量为 m_3；则江水的密度表达式 $\rho =$ _____（纯净水的密度用 $\rho_水$ 表示）。

【学后反思】

1. 我们能不能利用本课所学的知识去鉴定"冰墩墩黄金吊坠"是否为纯金打造？如何完成实验？

2. 当没有天平或者没有量筒来测质量或者体积时，你会用别的方法测量物质的密度吗？

第四节 密度与社会生活

【主题课时】

人教版《物理》八年级第六章第四节。

【课标要求】

1. 理解密度与温度的关系，能解释生活中一些与密度有关的物理现象。

2. 能利用密度知识鉴别物质，了解人类关于物质属性的研究对日常生活和科技进步的影响。

【学习目标】

1. 学习温度对密度的影响，知道密度对生产和生活的重要作用，能解释社会生活中与密度有关的简单问题。

2. 通过分析实例，理解密度是物质的一种性质，并能运用密度知识鉴别物质。认识到理论在解决实际问题中的重要作用。

【评价任务】

1. 完成任务一中的评价 1（检测目标 1）。

2. 完成任务二中的评价 2（检测目标 2）。

【资源与建议】

一般物质密度随温度变化而变化，可以根据密度来鉴别物质的种类，理解它的关键是要懂得密度的计算。在此之前，我们已经学习了密度，对于密度的计算以及公式的变形都能很好地掌握，这便于我们更好地理解密度在生活中的应用。

【学习过程】

学习了质量与密度的知识后，我们一起来看看密度在社会生活中的一些应用吧，你能利用所学知识来解答这些问题吗？

任务一：学习温度对密度的影响。

1. 温度改变时，同种物质的密度会改变吗？

实验 1（观察实验）：将一空锥形瓶的瓶口用橡皮膜封闭，把它放入开水中，观察到瓶口的橡皮膜会向上凸起（见图 6 - 34），原因是瓶内气体温度_____，密度_____（选填"变大""变小"或"不变"）。由此可知，发生火灾时，为了避免吸入燃烧产生的有毒气体，人应尽量_____（选填"贴近地面爬行"或"直立逃离"）。

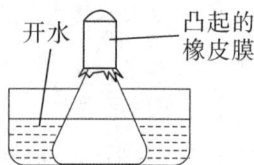

图 6 - 34

2. 同种物质热胀冷缩规律的应用。

实验 2（观察实验）：你知道是什么推动了风车转动吗（见图 6 - 35）？

图 6 - 35

由于流体内部存在温度差，各部分流体的_____不同，从而形成对流：流体中温度较高的部分密度较_____（选填"大"或"小"），会向_____（选填"上"或"下"）流动；流体中温度较低的部分密度较_____（选填"大"或"小"），会向_____（选填"上"或"下"）流动，从而推动风车转动。

3．水的"反常膨胀"。

（1）已知水的密度与温度的关系如图6-36所示，请你观察后回答以下问题：

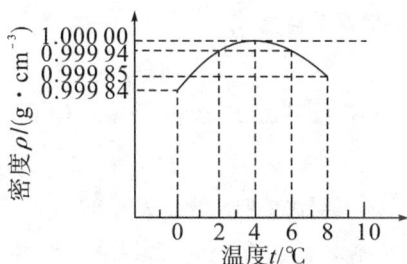

图6-36

①一定质量的水，温度从4℃逐渐升温至8℃，其密度_____，其体积_____（选填"变大""变小"或"不变"）。

在这个过程中，水的体积变化_____（选填"符合"或"不符合"）物质热胀冷缩的特点。

②一定质量的水，温度从4℃逐渐降低至0℃，其密度_____，其体积_____（选填"变大""变小"或"不变"）。

在这个过程中，水的体积变化_____（选填"符合"或"不符合"）物质热胀冷缩的特点。

③根据图像可知，当水的温度为_____℃时，密度最大。

（2）北方的冬天，湖面已经结冰，湖下层会有水存在。由图6-37可知，湖水内部有温差，为什么温度高的液体不会往上流动？

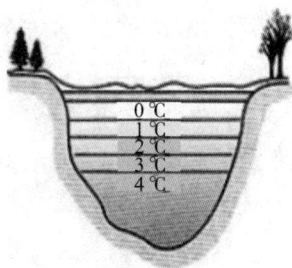

图6-37

评价1（检测目标1）：

1. 水是一种资源，也是一种能源。古代劳动人民巧妙地利用水来开山采石：冬季，在白天给石头打一个洞，再往洞里灌满水并封实，待晚上降温，水结冰后石头就裂开了（冰的密度比水的密度小）。下列有关说法正确的是(　　)。

A. 石头裂开后密度减小

B. 该方法利用水结冰后质量变大，体积增大而使石头裂开

C. 石头裂开后密度增大

D. 该方法利用水结冰后质量不变，体积增大而使石头裂开

2. （1）制冷的空调要装在房间_____，而暖气片最好装在房间_____（选填"上面"或"下面"）。

（2）如图6-38所示是某冷饮厂冰棒广告宣传片，其中正确的是(　　)。

3. 某研究人员为了探究冰和水体积与温度的关系，在一定的环境下将1 g的冰加热，分别记录其温度和体积，得到了如图6-39所示的图像。请你观察此图像，回答下列问题：

A　　B

图6-38

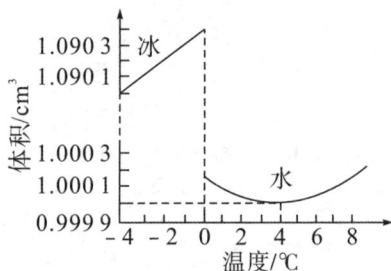

图6-39

（1）冰从-4 ℃上升到0 ℃时，其体积将_____（选填"变大""变小"或"不变"）。

（2）"热胀冷缩"指的是物体温度升高，体积变大；温度降低，体积变小的现象。水在哪个温度范围内出现"反常膨胀"？(　　)

A. -4 ℃~0 ℃　　　　B. 0 ℃~4 ℃　　　　C. 4 ℃~8 ℃

（3）4 ℃时，水的密度(　　)。

A. 最小　　　B. 最大　　　C. 和其他温度下的密度一样

（4）冬天，当河面结冰时，与冰接触的河水温度是_____ ℃，较深河底的水温是_____ ℃。

任务二：理解密度是物质的一种性质，并能运用密度知识鉴别物质。

1. 小明在常温常压下，测出某液体的密度为 0.8×10^3 kg/m³，进而判断此液体为煤油。请结合课本第 113～114 页的"小资料"，判断只根据物质的密度来鉴定实心物体种类的这种方法一定可靠吗？_____（选填"可靠"或"不可靠"）。你的理由是_____。

2. 根据图 6-40"蘑菇头"提供的数据，用两种方法计算说明"金戒指"不是纯金的。（$\rho_{金} = 19.3 \times 10^3$ kg/m³）

你买的金戒指质量是8 g，体积是0.8 cm³，不是纯金的……

图 6-40

评价 2（检测目标 2）：

小明和妈妈在珠宝店看到一只质量为 57.9 g 的实心纯金手镯 A，如图 6-41所示，已知黄金的密度 $\rho_{金} = 19.3 \times 10^3$ kg/m³。

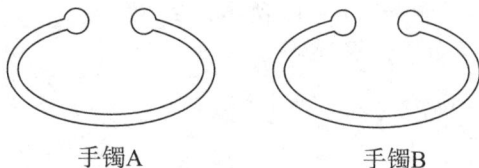

手镯A　　　　　手镯B

图 6-41

（1）手镯 A 的体积为多少（单位：cm³）？

（2）小明发现材料相同的纯金手镯 B 的体积和 A 相同，其质量为 19.3 g。请问质量较小的手镯 B 制作时通过什么方法使得体积和手镯 A 相同？

（3）请问手镯 B 的空心部分体积为多少？

【作业与检测】

1. 一定质量的封闭气体，当它遇冷体积缩小后，它的密度(　　)。

A. 增大 　　　　　　　　　　　B. 减小

C. 不变 　　　　　　　　　　　D. 可能增大，也可能减小

2. 一些影片中常有这样的镜头：高墙倒塌，压在众人（演员）身上，造成人员受伤。但在实际拍摄中，倒塌的高墙并不会伤害演员，砌成这种高墙的物块最有可能是(　　)。

A. 泥土砖块　　　B. 金属块　　　C. 泡沫塑料块　　　D. 木块

3. 密度知识与生活联系非常紧密，下列关于密度的一些说法正确的是(　　)。

A. 1 kg 冰与 1 kg 水的密度相等

B. 乒乓球不慎被挤瘪但无破损，球内气体密度变大

C. 为减轻质量，比赛用自行车采用强度高、密度大的材料制造

D. 鉴别一个实心金属球到底是不是铁做的，只需测出它的密度，即可做出准确判断

4. "盐水选种"时需要用密度为 1.1 g/cm³ 的盐水，现配制了 0.05 m³ 的盐水，称得它的质量是 60 kg。这样的盐水(　　)。

A. 符合要求

B. 无法确定是否符合要求

C. 不符合要求，需要加盐

D. 不符合要求，需要加水

5. 现有由同一种材料做成的四个正方体 A、B、C、D，其中有一个是空心的，它们的边长和质量如图 6 - 43 所示，空心的是_____，这种材料的密度是_____ g/cm³。

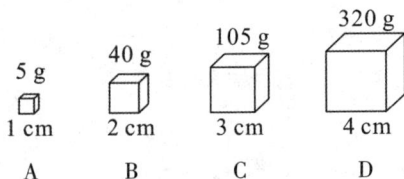

图 6 - 42

6. 1 cm³ 的冰熔化成水后，水的质量是多少？($\rho_{冰} = 0.9 \times 10^3$ kg/m³，$\rho_{水} = 1.0 \times 10^3$ kg/m³)

【学后反思】

1. 大家都喜欢住南向的房子，你能利用今天所学知识来谈一谈南向房子的优点吗？

2. 你能归纳出利用密度鉴别物质的方法吗？

第五节　质量和密度单元复习

【主题课时】

人教版《物理》八年级第六章第五节。

【课标要求】

1. 知道质量的含义，会测量固体和液体的质量。

2. 通过实验，理解密度，能解释生活中一些与密度有关的物理现象。

3. 会测量固体和液体的密度。

【学习目标】

1. 复习质量的含义，以及用天平测量固体和液体的质量，培养严谨的科学态度。

2. 复习密度的含义，以及生活中与密度有关的物理现象，培养运用物理知识解决实际问题的能力。

3. 复习测固体和液体的密度的方法，培养动手能力和变式思维。

【评价任务】

1. 完成任务一中的评价1、2（检测目标1）。

2. 完成任务二中的评价3（检测目标2）。

3. 完成任务三中的评价4（检测目标3）。

【资源与建议】

质量和密度是初中力学的入门知识，课标要求知道质量的含义，理解密度，会测量固体、液体的质量和密度。对密度知识的应用提出了明确的要求，能利用密度知识进行质量、体积、密度的计算，能解释简单的现象，解决生活和生产中的具体问题等。

【学习过程】

在北京冬奥会上，冰墩墩凭借其可爱的造型圈粉，现市场上有各类冰墩墩物品售卖，其中一款吊坠限量1 000件，在预售一天内就被抢光了，你知道该款冰墩墩吊坠是由什么材料制成的吗？我们怎样才能鉴别出来？

任务一：复习质量的含义，以及用天平测量固体和液体的质量。

情境1：该款冰墩墩吊坠的产品介绍如表6-9所示。

表6-9

售价	3 888 元	成色	99.9%
重量	3.88 g	尺寸	15 mm×12 mm
质量	精制	工艺	倒模

你认为该介绍是否存在有问题的地方呢？

评价1（检测目标1）：

该款冰墩墩吊坠质量为_____ g = _____ kg，若将其带上月球，质量将_____（选填"变大""变小"或"不变"）。

情境2：如何检测该吊坠质量是否为3.88 g？需要使用什么仪器？如何测量？

评价2（检测目标1）：

小明同学用托盘天平测量吊坠的质量时，将天平放在水平桌面上。

（1）小明的实验操作情况如图6-43甲所示，其中的错误是_____ _____。改正错误后，若指针位置如图6-43乙所示，应将平衡螺母向_____调节，使天平平衡。

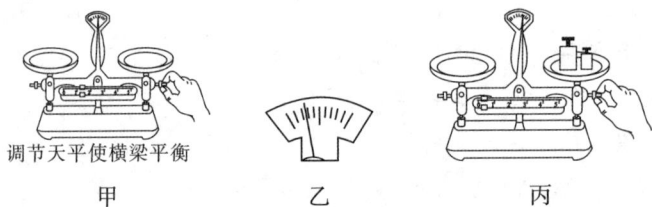

调节天平使横梁平衡

甲　　　　　　乙　　　　　　丙

图6-43

（2）小明改正错误后，右盘中加入一定量的砝码，天平的指针偏向左侧，这时吊坠的质量_____右盘中砝码的总质量；再放入5 g的砝码后，指针偏向右侧，于是他进行了如图6-43丙所示的操作，他觉得这次应该没问题了，可是小芳同学又指出了他的错误：_____。那么他接下来的操作应是_____，直到天平平衡。

任务二：复习密度的含义，以及生活中与密度有关的物理现象。

情境3：若把该款冰墩墩吊坠剪开为两部分（不考虑表面彩色涂层的影响），吊坠的质量和密度会发生变化吗？

评价3（检测目标2）：

1. （2018，16）测量某液体密度的实验如图6-44所示，液体的质量为＿＿＿＿g，依据公式为＿＿＿＿，液体的密度为＿＿＿＿g/cm³。

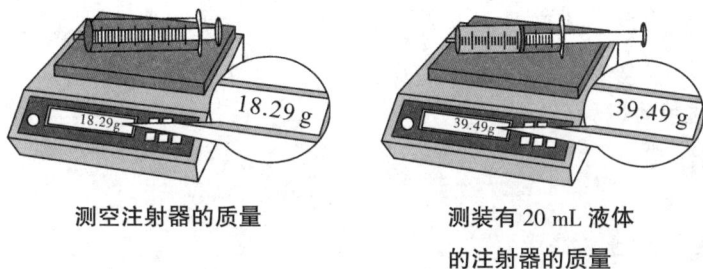

测空注射器的质量　　　测装有20 mL液体的注射器的质量

图6-44

2. （2021，14-2）某物质由液态变成固态，体积变大。若1 cm³该物质的液体质量为m_1、固体质量为m_2，则m_1＿＿＿＿（选填"＞""＝"或"＜"）m_2。

3. （1）密封的烧瓶内原来装的是水，如图6-45所示，图中的圆点表示水分子，倒出一半水后，描述烧瓶内剩余水分子的四个示意图如图6-46所示，正确的是（　）。

（2）若密封的烧瓶中装有某种气体，同样如图6-45所示，图中的圆点表示气体分子，用抽气筒抽出该烧瓶中部分气体后仍密封，描述烧瓶内剩余气体分子的四个示意图如图6-45所示，其中正确的是（　）。

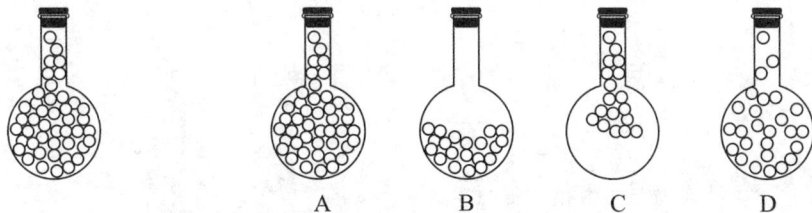

A　　B　　C　　D

图6-45

4. (2019，17 - 2) 如图 6 - 46 所示，瓶口扎上橡皮膜，把一定质量的气体密封在玻璃瓶内。小明把此瓶从甲地带到海拔更高的乙地，发现橡皮膜向上凸出。瓶内气体在甲地的密度为 $\rho_甲$，在乙地的密度为 $\rho_乙$。根据公式 $\rho =$ ___ _____，得 $\rho_甲$ _____ （选填 "＞" "＝" 或 "＜"） $\rho_乙$。

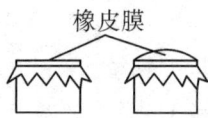

图 6 - 46

任务三：复习测量固体和液体的密度的方法。

情境 4：该款冰墩墩吊坠是由什么材料制成的？我们怎样才能鉴别出来？鉴别依据是什么？

我们选用的器材是：

操作是（写实验步骤）：

需要记录的数据是（列表格）：

评价 4（检测目标 3）：

小明为了鉴别一工艺品是否铜做的，做了以下实验：

a. 称出工艺品的质量，如图 6 - 47 甲所示。

b. A、B 两量筒分别装上 30 mL 的水。

c. 把工艺品放入 A 量筒，如图 6 - 47 乙所示。

d. 把与工艺品相同质量的实心铜块放入 B 量筒，如图 6 - 47 丙所示。

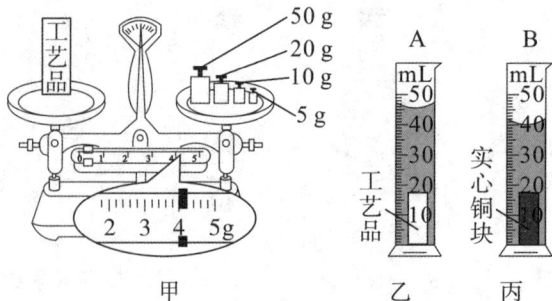

图 6 - 47

回答以下问题：

（1）工艺品的质量 $m =$ ＿＿＿＿＿ g。

（2）实心铜块的体积 $V =$ ＿＿＿＿＿（水密度 $\rho = 1 \times 10^3$ kg/m³，$g = 10$ N/kg）。

（3）由上述实验可知，该工艺品的体积比铜块的体积＿＿＿＿＿、密度比铜块的密度＿＿＿＿＿（选填"大"或"小"）。

（4）小明根据工艺品的密度与铜的密度不同而得出工艺品不是铜做的结论。此结论是否可靠？为什么？

【作业与检测】

1.（2021 广大附中一模，1）"盎司"属于英制计量单位，可以作为质量单位，也可以作为容积单位。作为质量单位时，如图 6 - 48 所示，一个普通苹果大约 10 盎司，请你估计 1 盎司与以下哪个质量最为接近（　　　）。

图 6 - 48

A. 300 mg　　　　B. 3 g　　　　C. 30 g　　　　D. 0.3 kg

2.（2017，8）图 6 - 49 是标准大气压下，质量为 1 g 的某液体的体积——温度图像，以下说法中正确的是（　　　）。

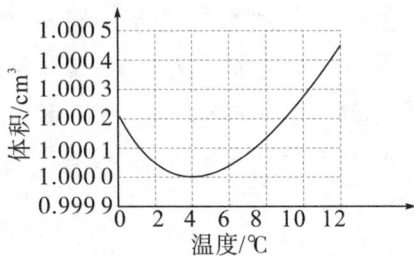

图 6 - 49

A. 4℃时，液体密度最小

B. 温度升高，液体密度不变

C. 1℃时液体的体积比 5℃时的大

D. 由 1℃升高到 8℃，液体体积一直变大

3.（2021 花都一模，3）已知水银的熔点为 - 39℃，当水银温度计的示数

由10 ℃降到0 ℃时，下列关于温度计内水银的说法错误的是(　　)。

A. 质量不变　　　　B. 体积变小　　C. 内能变为0　　　D. 仍然处于液态

4. (2021 海珠一模, 7) 同种物质做成的甲、乙、丙、丁四个物体，其中只有一个是空心的。它们的质量如表6-10所示，体积如图6-50所示。据此判断，空心物体是(　　)。

表6-10

物体	甲	乙	丙	丁
质量/g	3	5	9	12

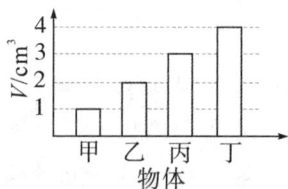

图6-50

A. 甲　　　　　　B. 乙　　　　　C. 丙　　　　　　D. 丁

5. (2021 番禺华附模拟, 11-2) 为确定某种矿石的密度，用天平测量一小块矿石的质量时天平右盘中的砝码及游码的示数如图6-51甲所示，则小矿石的质量为_____g；用量筒测小矿石的体积如图6-51乙所示，该小矿石的体积为_____ cm^3。根据测量结果可知，该矿石的密度为_____ kg/m^3。

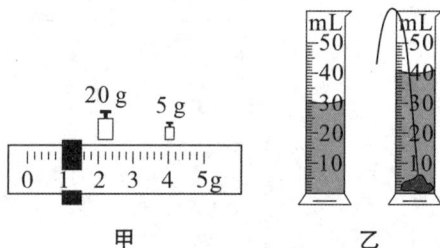

图6-51

6. (2020, 24) 据说某电子秤可测液体体积，小明进行了以下两个实验，验证这种说法是否真实。

实验一：实验过程如图 6 - 52 所示，质量为 50.0 g 的水，该秤显示的体积为 50.0 mL。

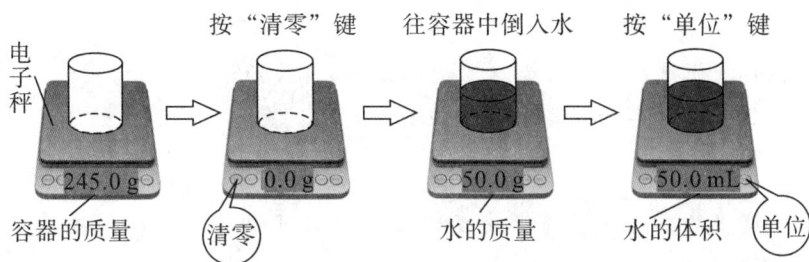

按"清零"键　　往容器中倒入水　　按"单位"键

电子秤

245.0 g　　　0.0 g　　　50.0 g　　　50.0 mL

容器的质量　　清零　　水的质量　　水的体积　单位

图 6 - 52

实验二：质量为 50.0 g 的油，该秤显示的体积也为 50.0 mL。

结合水、油的密度，小明发现该秤可以测出水的体积，不能测出油的体积。

小明猜想：该电子秤不能测出密度不等于水的液体的体积。

（1）利用该电子秤和某种液体（$\rho_{液} \neq \rho_{水}$ 且 $\rho_{液}$ 未知），设计实验验证小明的猜想是否正确（若需要，可补充器材）。

（2）写出实验步骤和判断小明猜想是否正确的依据。

【学后反思】

1. 通过本节课的复习，你认为你在"质量和密度"这章中遗忘最大的知识点是什么？你还有什么疑问？

2. 你能列举一些生活中有关密度的应用例子吗？

【单元学后反思】

同学们，本单元在质量和密度概念的基础上，学习了如何测量固体和液体的密度，以及利用密度知识解释生活中的一些现象。本单元从如何鉴别冰墩墩黄金吊坠入手，到用天平和电子秤测量吊坠的质量，了解质量的概念，再到用量筒测液体的体积，延伸到用量筒测不规则固体的体积，进而可以利用本章的密度公式来测出黄金吊坠的密度。通过一系列的学习，我们掌握了实验室中测量物质密度的方法，并学会了用该方法来鉴别物质。我们还学会了用密度知识解释生活中的相关现象。通过本章的学习，我们可以充分感受到物理是源于生活，最后又服务于生活的一门科学。

同学们，请你们带着下面的问题，复习一下本单元的内容：

（1）在实验室中，我们可以用托盘天平测量物体的质量，说一下使用托盘天平的过程中需要重点注意什么问题；在生活中，我们可以用电子秤测量物体的质量，电子秤的"清零功能"，你会使用了吗？

（2）物体的质量在什么情况下会改变，在什么情况下不变，你还记得质量的定义吗？

（3）你还记得密度定义是如何做实验得出来的吗？你会看密度表吗？

（4）测量密度实验需要用到什么测量工具，量筒的功能你熟悉了吗？你学会用该实验来鉴别物质了吗？

（5）密度公式 $\rho = \dfrac{m}{V}$ 有两个变形式，知二可以求一，你掌握计算方法了吗？

（6）密度在生活中有广泛的应用，请你举几个例子说明它的应用。

案例二：初中物理大单元整体教学的作业设计
——以人教版《物理》八年级第九章"压强"为例

传统的单课时教学容易造成教学目标割裂，知识无法有效融合，不利于学生知识体系的构建，这直接影响学生学科能力的培养和学科核心素养的发展。在"双减"背景下，我们必须打破单课时教学的束缚，通过整体规划，将有关联性的知识重组为基于一定主题的大单元，将零散的知识结构化，将物理观念、学科能力和学科思维方法展现并提炼出来。通过设计大单元作业来减轻学生在初中物理学习上的学业负担和作业负担，笔者以"压强"单元为视角整体设计作业，关注本单元各个知识点之间的内在逻辑，通过整合教学内容中的重点难点，系统性设计大单元作业，确保学生精准高效完成作业。

1. 大单元整体教学指导下的作业设计

随着"双减"政策的落实，政策更关注学生在课外时间的合理利用。当前教学中，教师仍按照单课时进行教学设计，所以作业设计的基本单位也是单课时。从作业结果看，课时作业之间的联系往往不被重视，这就导致学生总结知识时往往停留在碎片化知识层面，无法形成结构化知识体系，也就无法系统规划学生核心素养和关键能力的发展蓝图。如何打通知识到素养之间的壁垒，按照大单元整体教学指导进行大单元作业设计就是撬动课后作业转型的一个支点。

2. 大单元整体教学作业设计实施策略

笔者作为一线的物理教师，积极响应"双减"政策。为了使学生"减负不减质"，能够有效地完成每一份物理作业，以下是笔者通过大量的大单元整体教学作业设计后，对"压强"这一章的大单元整体教学作业设计的思路，以及总结的一些好的方法策略。

（1）设计单元分层作业，促进学生整体发展。

基于"双减"政策，考虑到我校学生有极大的差异性，在物理学习中，因学习能力、思维水平、学习态度的影响，对知识的吸收和消化能力各不相同，笔者在每一个课时作业中，都设计有分层性的作业。针对物理概念理解不充分、物理知识应用不充分的学生，设计了第一部分：基础必做题。这些题目都是课上各个重要的知识点的复习巩固，在各节课作业中都一一对应到相关的题目中。对于一些物理思维强的学生，可以继续完成第二部分：提升选做题。这类题目都需要一定的思维思考，要利用学过的物理知识去解决实际的问题。对于一些喜欢动手实践、热爱物理小实验的学生，可以完成第三部分：开放实践题。这类题目能引导学生将物理知识应用到生活实践中，完成这些实践操作更加有利于学生对物理知识的掌握和内化，切实提高学生的物理核心素养。教师通过设计不同层次作业，有针对性地提高不同层次学生的思维水平，使物理作业真正成为物理课堂的延伸与辅助，帮助学生主动探索、自主学习，提高学生综合素质，引导学生可持续发展。

（2）设计课堂延续作业，引导学生思维重现。

针对第一部分的必做题，虽然这些是基础题目，但考虑到优秀的学生也需要形成良好的物理观念，所以笔者在设计上考虑到利用题目重现课上知识点完整的思维过程。如例1，引导基础薄弱的学生理解同一接触面的凹陷程度大小反映压强的大小，再利用压强公式去解决问题；例2、例3，先分析直接将物块放在水平桌面上，然后对该物块施加竖直向下的力，最后再把物体压在墙壁上。物理思维能力强的学生就会联想到课堂中老师分析压力和重力的关系的过程以及压强规律的讲解；通过重温该过程，学生思维会在原有的基础上逐步提升，有利于提高学生的物理学科核心素养。

例1：如图6-53所示，甲、乙两人在完全相同的沙滩散步，留下深浅相同、大小不同的脚印。

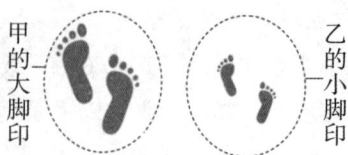

图 6 – 53

（1）甲对沙滩的压强_____乙对沙滩的压强（选填"大于""小于"或"等于"），你的依据是_____。

（2）甲对沙滩的压力_____乙对沙滩的压力（选填"大于""小于"或"等于"），你的依据是_____。

例2：一个质量分布均匀的正方体物块放在水平桌面上，如图 6 – 54 所示。

（1）在2个黑点处分别画出物体受到的力和地面受到物体的压力。

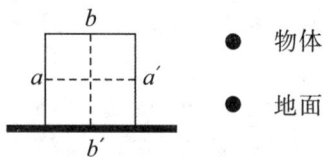

图 6 – 54

（2）若沿 aa' 线将方块切开一半，拿走上半部，余下部分对桌面的压强和原来相比_____（选填"变大""变小"或"不变"）。

（3）若沿 bb' 线将方块切开一半，拿去右半部分，余下部分对桌面的压强和原来相比_____（选填"变大""变小"或"不变"）。

例3：已知图 6 – 55 中物体为正方体，其底面积 $S = 10^{-2}$ m^2，其重力为 5 N，推力 $F = 10$ N，物体保持静止。

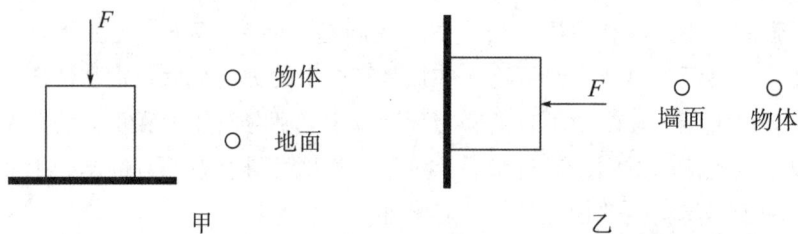

图 6 – 55

（1）请对各图中的物体和接触面进行受力分析，在圆点处画出物体受到的力。

（2）画出接触面受到物体的压力：

地面受到的压力 $F_{地}$ 大小为：$F_{地}$ = _____。

墙面受到的压力 $F_{墙}$ 大小为：$F_{墙}$ = _____。

（3）求出物体对接触面的压强。

（3）设计思维攀升作业，提高学生思维品质。

在设计一些题目时，要考虑大部分学生做完之后能有成就感，这时候就需要一些"螺旋式"上升的题目。如例4，在考查压强公式的运用时，笔者并不是直接给出人的压力和人与地面的接触面积就让学生计算人对地的压强大小，而是通过对比作用效果，转化为计算容器对地面的压强大小，最后再通过公式变换计算人对地面的接触面积。这是为了防止学生的思维定式。再比如说，讲解液体对容器底部压强可用 $p = \dfrac{F}{S}$ 来求解时，在课上我们完成思维难度较低的一道题（如例5），本题可以通过判断加入清水后，重力变大了，水对容器底部的压力变大了，所以烧杯底部受到液体的压强变大了。在作业中，笔者选用了一个液体蒸发的例子（如例6），其实就是课上讲解例5的逆过程。因为在学完"液体的压强"这一节后，学生就会习惯用 $p = \rho_{液}gh$ 公式来判断液体对底部容器的压强，很多时候会忽略其实还可以用 $p = \dfrac{F}{S}$ 来求解，防止学生思维定式。不仅如此，笔者还假设了两种条件下的判断，第一种是告诉学生液体的密度以及液体的深度，学生是可以利用公式进行定量的计算，最后判断压强的变化；第二种是不知道数据的情况下，需要定性分析时，学生不仅需要思考到底要选用哪个公式进行解决，还要准确地应用定性分析来解决问题，这种能力在理科学习中是十分常见的。为了更好地延续这种思维攀升，笔者在最后的复习课中，结合大气压强和液体的压强，设计了例7这道综合题。例5、例6、例7这3题就是通过不停地改变题目中的条件，从而进行不同的分析、判断，给予学生思维上的攀升。当然，可以适当地引导学生对这三题进行错题归纳，这样学生会有一种思维的提升。通过这样的思维攀升，有能力的学生通过攻克一个又一个的难题，不仅会增加自信心，而且会使思维高度上一个台阶，提高学生的思维品质。

例4：一位重为500 N的同学双脚站在沙滩上，沙滩留下他的脚印，他想知道此时他对沙滩的压强，他找来了一个底面积为 10 cm^2 的容器放在脚印旁，再慢慢往容器中倒入沙子，直到容器在沙地上留下与他脚印深度相同的痕迹，测出此时装了沙的容器总重力为 10 N。

（1）这位同学双脚站立时对沙滩的压强为多少（单位：Pa）？

（2）这位同学看到沙滩旁有个泥滩，于是他走到泥滩上站立不动，他发现他在泥滩中下陷得更深了，此时他对泥滩的压强和对沙滩的相比 ＿＿＿＿（选填"变大""变小"或"不变"）。

（3）（提升选做题）这位同学双脚站立时，双脚与地面接触的面积为多少？

例 5：如图 6 - 56 所示，将装有浓盐水的烧杯放在水平面上，若向烧杯内加入一些清水（加水至图中虚线位置），使盐水密度减小，则以下说法中正确的是（　　）。

A. 加入清水后，烧杯底部受到的液体压强增大

B. 加入清水后，烧杯底部受到的液体压强减小

C. 加入清水后，烧杯底部受到的液体压强不变

D. 加入清水后，烧杯底部受到的液体压强无法判断

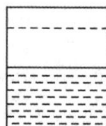

图 6 - 56

例 6：实验员在空桶中倒入搅拌均匀的盐水，盐水在容器底产生的压强为 p_1（如图 6 - 57 甲所示）；盐水放置一星期之后（如图 6 - 57 乙所示），水分蒸发，液面下降，盐水的密度增大，则此时盐水对容器底的压强为 p_2。

（1）若已知图 6 - 57 甲中液体的高度为 10 cm，液体的密度为 $1.1 \times 10^3 \, kg/m^3$；图 6 - 57 乙中液体的高度为 3 cm，液体的密度为 $1.2 \times 10^3 \, kg/m^3$。请问可不可以判断 p_1 和 p_2 的大小关系？ ＿＿＿＿（选填"可以"或"不可以"）。你的依据是＿＿＿＿＿＿＿＿＿＿＿＿＿＿＿＿＿＿＿＿。

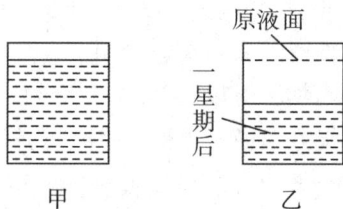

图 6 - 57

（2）若不知道甲、乙液体的高度以及密度，请问可不可以判断 p_1 和 p_2 的大小关系？ ＿＿＿＿（选填"可以"或"不可以"）。你的依据是＿＿＿＿＿＿
＿＿＿＿＿＿＿＿＿＿＿＿＿＿＿＿＿＿＿＿＿＿＿＿＿。

例7：在 A_1 地完成图6-58甲所示的实验，则当地大气压等于_____m 高的液柱 A 所产生的压强。在 B_1 地完成图6-58乙所示的实验，已知液体 A 的密度比液体 B 大。两地的重力与质量的比值 g 相同。请问能否比较 A_1、B_1 两地的气压大小？_____（选填"能"或"不能"）。如果能，请写出分析过程：_____；如果不能，请写出原因：_____。

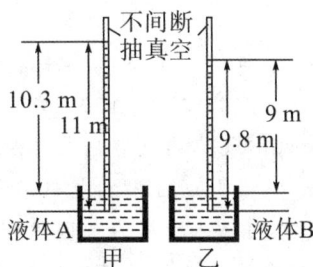

图6-58

（4）设计新颖多元作业，激发学生学习兴趣。

考虑到物理源于生活，又能够应用于生活。在设计题目时，适当选用一些情境较为新颖又贴合生活的题目，还可设计单元的实践类作业。在激发学生学习物理兴趣的同时，又能够让学生深深地感受到物理与实际生产和生活的紧密联系。笔者在考查学生对大气压强的理解时，采用比较新颖的实例，例8是抽气使得气球变大，让学生利用学过的知识分析其原理；例9是水往高处流，引导学生利用现象判断内外气体压强大小关系，从而判断塑料杯加入热水前后的压强变化。其实这里也留下了一个探究性的延续，给学生留有思考的余地，并且有兴趣的学生可以亲手尝试搭建实验装置，探究为什么加了热水倒掉后，瓶内气体的压强变小。笔者甚至还在作业中设计了一个估测自己站立时对地面压强的方法。在"压强"这一单元中，笔者通过串联不同的知识点，让学生动手制作不同的小型喷泉，实现本单元各知识点的相互合理应用，促使学生在完成单元作业后，能做到对本单元知识的融会贯通。在单元作业设计中，除了设计传统的纸笔作业以外，笔者还设计了开放性的实践题，把本节课学习的内容联系实际生活，体现学习的生活价值之余，又增添学习物理的乐趣。

例8：观察如图6-59甲、乙所示的装置，完成下列填空。（下列每空均选填"大于""等于"或"小于"）

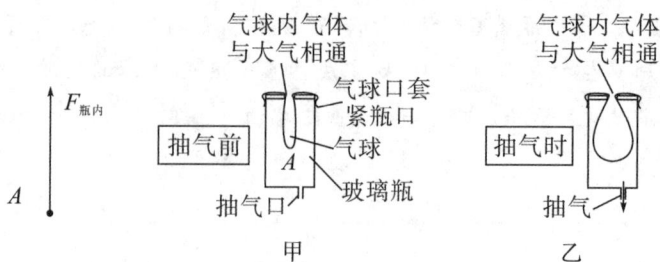

图 6-59

(1) 如图 6-59 甲所示,抽气前气球内气体压强_____大气压,瓶内气体压强_____大气压。左侧表示气球的 A 点上已画出此时瓶内气体对气球底部的压力,请大致画出此时气球内气体对气球底部的压力。

(2) 如图 6-59 乙所示,抽气时瓶内的气球在膨胀,说明此时气球受到瓶内气体的压力_____气球内气体的压力,因气球内外的受力面积相等,故瓶内气体压强_____气球内气体压强,而气球内气体与大气相通,即气球内气体压强_____大气压,从而推测此时瓶内的气体压强_____大气压。

例 9:在广州市第 35 届科技创新大赛上,某学生在现场展示了科创作品(见图 6-60)。他把橡胶管一端放入位置较低盛有冷水的烧杯中,另一端与塑料瓶盖相连并密封,在空塑料瓶中倒入少许热水摇晃后倒掉,然后迅速用瓶盖盖住瓶口并拧紧,发现烧杯中的水通过橡胶管慢慢流入位置较高的瓶内。该实验现象表明塑料瓶内气体压强_____塑料瓶外气体压强(选填"大于""等于"或"小于"),而塑料瓶外的气体压强_____,因此推测塑料瓶内气体压强与倒入少许热水前相比_____(后两空选填"变大""不变"或"变小")。

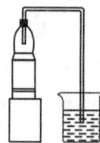

图 6-60

(5) 设计贯穿单元作业,提升学生高阶思维。

在整个单元作业设计中,笔者紧扣本单元压强的定义式 $p = \dfrac{F}{S}$,这个公式虽然是第一节课的内容,但是在作业设计中会贯穿整个单元。其中最典型的例子是学生在学完"液体的压强"后,普遍认为液体的压强只能用 $p = \rho_液 gh$ 公式来计算,因此笔者布置了例 6 的题目,除了可以破除学生思维定式外,还能对压强最根本的公式 $p = \dfrac{F}{S}$ 进行巩固。教学大气压强和流速关系的时候,笔者也加入了一个问题,如例 10 中(3)的④问,该问促使学生对已学过的知识进行定期的巩固练习。作业不在于多而重，而在于精而准。笔者设计单元作业时，注意本单元的核心，不是重复无序地让学生去刷题做题，而是在恰当的时机让学生巩固，这也体现了"双减"精神。当然笔者还考虑到不同小节的作业具有连续性和完整性，以此来增添学生在完成作业时的趣味性，使之既符合学生的心理年龄特点，又与生活紧密结合。例如，在学完"液体的压强"这一节课后，笔者在开放实践题以制作好玩的喷泉装置为核心，从U形管喷泉、改装气压计喷泉、花式喷泉一直贯穿到"流体压强与流速的关系"这一课中的花式喷泉（如图6-61所示），并在最后引导学生制作半自动喷泉——"希罗喷泉"。系列习题就像一部连续剧一样展现给学生，吸引学生的同时，也让学生非常期待"下一集"的出现。学生完成这些喷泉后，会在学校科技节展示他们的成果。有了前面的各个小型喷泉的物理原理作为铺垫，学生自然容易理解制作"希罗喷泉"，充分体现了单元作业的整体性。学生可以通过前面三节的作业来巩固所学物理知识内容，最后制作一个综合性的大单元整体作业，既促进学生对本单元知识的整合和应用，又可以使学生在实践作业中培养动手操作能力，进而提升高阶思维能力。

小俊对喷泉情有独钟，在学完"液体的压强"这一节后，制作了如下图所示的U形管喷泉，请你简述一下这个装置的可行性，并在家里利用生活中的材料制作简易的U形管喷泉

小俊觉得U形管喷泉的效果一般，而且持续的时间比较短。在学完"液体的压强"这一节后，他了解到自制气压计的原理，通过对自制气压计进行改造，如下图所示，只要往a管吹气，b管里面的水就能像喷泉一样喷出来。请你简述一下这个装置的原理，并利用身边的一些材料，制作一个简易的喷泉装置

小俊学完"流体压强与流速的关系"这一节后，发现还有一种自制喷泉的方法，如下图所示，只要对B管进行吹气，A管就能有雾状的水喷出来。请你简述一下这个装置的原理，并利用身边的一些材料，制作一个简易的喷泉装置

小俊觉得之前虽然做出了效果明显的喷泉装置，但是要一直往里面吹气才能有喷泉的效果，觉得有点儿费劲，于是查阅了一些资料，发现可以自制一个半自动的小喷泉。于是他把制作的步骤分享给同学们。请同学们按照下面步骤自制一个小喷泉，并通过本章的学习进行简单的理论分析

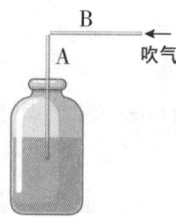

图6-61

例10：下面是有关流体压强与流速的关系在生活中的实例，请运用所学过的科学知识解答这些现象：

（1）图6-62甲中，取两张白纸，使其平行自然下垂，向两纸中间用力吹气，可观察到两纸相互_____（选填"靠近"或"远离"）。由此得到，流体流速越大，压强越_____（选填"大"或"小"）。

（2）图6-62乙中，飞机机翼把气流分为上、下两部分，机翼上方气流速度_____机翼下方气流速度（选填"大于""等于"或"小于"）。

（3）图6-62丙中，小汽车的外形类似于飞机机翼，当一辆飞奔的小汽车在平直的公路上匀速行驶时，假设行驶过程中小汽车的质量不会发生变化。请回答下面问题：

①请你对汽车进行受力分析，在黑点处画出小车受到的力；

②小汽车在水平方向上受到的牵引力_____（选填"大于""小于"或"等于"）它的阻力；

③小汽车对地面的压力_____（选填"大于""小于"或"等于"）车的重力；

④小汽车在行驶过程中对地的压强_____（选填"大于""小于"或"等于"）小汽车在等红灯时对地的压强。

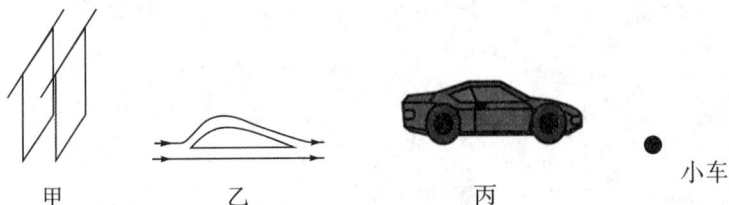

甲   乙   丙   ●小车

图6-62

3. 大单元整体教学作业设计思路与感悟

谈到出题的思路，既要贴近学生的实际学情，还要紧贴课堂教学的设计思路，尽可能做好课堂的巩固和延伸。目前，我们有很多渠道获得各种各样的题源，但是如何从海量的题库中筛选到合适的题，笔者有如下几点心得：

第一，读懂课程标准，理解课程的核心目标。根据课程标准开展学生作业设计，一定要注意"双基"（基本知识和基本能力）训练。基本知识是学生解决最基础问题的依据，基本能力是学生解决更多问题的基本技巧之本。对于学生解决问题的基本知识和基本能力，课堂重在理解，作业加以磨炼。

第二，注意难易梯度，基础巩固与能力提升共存。比如笔者在设计流体压强与流速的关系的作业中，可以很直接地考查学生是否掌握知识点，不需要给学生设定难度，加深印象即可，这就是把基础巩固好；也可以通过一些创新的情境，利用新情境吸引学生进行自主探究、学习解决问题，培养学生学会抓住核心问题的能力，这就是能力的提升。在顺序设计时，教育者不仅要遵循先易后难的原则，而且要在抛出难题之前做好搭建"脚手架"。何为"脚手架"，其实就是问题的引导，要让学生采用何种方法去解决问题。例如，在"液体的压强"的作业中，计算液体对容器底部的压强时，不仅可以用 $p = \rho_{液}gh$ 公式来计算，还可以利用 $p = \dfrac{F}{S}$ 公式来计算。因此当学生不清楚到底用哪种方法时，我们可以设置一系列的关联题目，引导学生在适当的时候采用合适的方法。学习理科不能有思维定式，要理解透每一个物理公式。教育者通过这样的方式，让学生既能巩固课堂的学习成果，同时也可以让学生在完成作业后获得实实在在的成就感，不断提升学习兴趣。

第三，学生作业设计训练不要贪多求全，作业适量很关键。作业数量多，学生只能敷衍了事，甚至出现抄袭现象；作业适量，学生可以独立完成并规范训练。这就对教师又提出了更高的要求，那就是教师必须游题海，这样才能在出题的时候把各种问法进行综合。比如有些题，题干中的模型非常好，但是四个选项都在比较两个物理量之间的大小，这会让学生在做题时懒于思考，容易出现随便选答案选项的现象，往往浪费了这道题。教师在游题海后，就有了各种知识储备，可以充分利用好经典模型，对各种问法进行整合，比如可以把选择题改为填空题，不仅要求学生得到问题最终的结果，而且通过填空的形式，引导学生把问题的分析过程呈现出来，通过计算的形式，把格式要求加以规范，一步步夯实学生的能力。这样我们可以通过少量的题目，融合更多的知识环节，既可以让学生减轻对作业量的恐惧，又可以把教学目标要求加以落实，培养学生的核心素养。

教师要始终相信，学生们在做自己精心准备的作业时，一定能够感受到自己的用心。在批改学生作业的时候，教师也会更加清楚地知道学生的共性问题与个体问题，以及如何做好集体面批与个体面批，这样才能有效地促进教与学和师生的共同成长。

4. 小结

以上是笔者对大单元整体教学作业设计的一些思考和实践，每个学生、每个班级、每个学校都有各自的特点，我们应该在充分了解本班学情的前提下，抓住本单元的物理概念、规律的形成，根据学生的发展情况适时调整，设计有针对性、有层次、个性化的作业，对物理课堂教学起到很好的辅助作用。"双减"政策已经实施近三年，总体来说，一份高质量的单元作业，既可以激发学生学习物理的兴趣，又能降低学生的学习坡度和难度，更好地实现高效减负的学习，学生的物理学科核心素养也会在此过程中得到有效的提升。

第七章　有声思维：提升学生逻辑推理与批判性思维

本章着重探讨了有声思维在培养学生高阶思维能力方面的重要性，详细阐述了有声思维的基本原理和应用，探讨了有声思维在培养学生逻辑推理能力和批判性思维方面的作用。同时，本章还分享了一些教学实践案例，帮助教师引导学生运用有声思维思考和解决问题。

第一节　有声思维的基本原理和应用价值

有声思维是指学习者运用学科语言，口述解决问题的思维过程，是一个通过思维活动显性化来进行思维诊断的过程。只有全面了解学生的完整思维过程，找准思维误区、盲区，才能更有针对性地培养学生的物理思维。

一、有声思维的基本原理

有声思维的基本原理是将思维转化为声音或语言的形式，通过口头表达或内心自我对话的方式来帮助个体整理思维、加深理解、解决问题和推动创造性思维的发展。有声思维的基本原理有：

（1）内化外显原理。有声思维通过将内在的思维过程外化为声音或语言的形式，使个体能够更清晰地表达自己的想法和观点。通过口头表达或内心自我对话，个体可以将抽象的思维过程转化为具体的表述，从而提高思维的逻辑性、连贯性和可视化。

（2）语言加工原理。有声思维可以帮助个体更好地加工和理解语言。通过有声思维，个体可以用语言解释和表达概念、观点和问题，从而加深对语言的理解和记忆。有声思维可以促进个体对语言的加工和运用，提高语言表达能力和语言思维能力。

（3）意义构建原理。有声思维可以帮助个体更好地构建意义和理解知识。通过有声思维，个体可以将抽象的知识转化为具体的表述，通过解释和表达来理解和加深对知识的理解。有声思维可以帮助个体整合和组织知识，促进知识的深入思考和理解。

二、有声思维的应用价值

（1）有声思维可以促进问题解决和创造性思维的发展。通过有声思维，个体可以更好地分析问题、找出解决方案，并在思考过程中发现新的思路和创意。有声思维可以帮助个体更好地组织思维过程，激发关联思维和侧重点思维，从而促进问题解决和创造性思维的发展。

（2）有声思维可以促进个体的元认知能力的培养。通过有声思维，个体可以更好地反思和监控自己的思维过程，意识到自己的思考方式和策略，并进行调整和改进。有声思维可以提高个体的思维自我监控能力和元认知控制能力。

（3）有声思维的研究在认知心理学、教育心理学、认知神经科学、教育技术等领域都有所涉及。研究者们探索有声思维与认知过程、学习效果、脑机制等之间的关系，以及如何应用有声思维来提高学习和思维能力。尽管已经取得了一些进展，但有声思维研究仍然是一个新的领域，需要进一步深入探索其机制和应用，以提供更有效的教育和学习支持。

（4）有声思维在学习和教学中的运用。教师可以鼓励学生使用有声思维来表达自己的想法和见解，通过口头表达或内心自我对话的方式加深对学习内容的理解和记忆。有声思维可以帮助学生更好地组织和整合学习材料，提高学习效果。有声思维在教育领域的应用价值显著，它提供了一个独特的视角，帮助教育者、研究者和学生深入理解学习过程中的思维活动。

（5）有声思维可以揭示学生的思维过程。传统的测试和评估方法往往只能展现学生的最终结果，而不是他们如何达到这个结果。通过有声思维，教育者可以了解学生在解决问题或完成任务时的实际策略和方法，从而更好地理解学生的学习状态和需求。

（6）有声思维可以促进学生元认知能力的培养。有声思维不仅可以帮助学生意识到自己的思维过程，还可以鼓励他们对自己的学习策略进行反思和调整，从而发展元认知能力。

（7）有声思维可以提供个性化的教学反馈。通过听取学生的有声思维记录，教育者可以为学生提供更为具体和有针对性的反馈，帮助他们有针对性地改进学习策略。

（8）有声思维可以支持教师专业发展。教师可以通过分析学生的有声思维，调整自己的教学策略，以更好地满足学生的学习需求。同时，教师也可以使用此方法进行自我反思，优化自己的教学方法。

（9）有声思维可以促进师生之间的沟通与理解。通过共同分析有声思维的记录，师生之间可以建立更紧密的联系，共同探讨学习策略，增强彼此的了解。

第二节　有声思维助力逻辑推理的培养

有声思维通过将内部认知过程外化的方式为教师、同伴甚至是学生自己提供了一扇窗口，能直观地看到思考的轨迹和逻辑。

逻辑推理往往涉及多个步骤和中间推导，通过有声思维，我们可以清晰地看到学生是如何从一个前提出发，经过一系列的中间步骤，最终得出结论的。这种透明性使得教育者能够精准地定位到学生在哪一步存在逻辑错误或困惑。

当学生在进行有声思维时，教师可以实时捕捉到他们的思考轨迹，这为及时的反馈和指导提供了可能。比如，当学生在推理的某一环节出现错误，教师可以立即纠正，指出更为恰当的逻辑方法或思考方向。

培养学生的自主反思能力。通过听取自己的有声思维录音，学生可以检查自己的推理过程，发现其中的不足或错误，从而形成自我修正的习惯。这种主动的元认知能力在逻辑推理培养中是非常关键的。

激发同伴学习与讨论。当一个学生展现其有声思维，其他同学可以通过听取和分析，与其进行逻辑对话，互相质疑、互相补充，形成群体的逻辑推理讨论，推动整体的思维深度发展。

利用有声思维来促进学生思考问题的深度和广度以及帮助学生建立逻辑链条，其核心理念在于使隐性的思考过程显性化。当学生分享他们的思考过程，教师和同学都可以及时捕捉到可能的忽略或不足之处，为学生提供即时的反馈。这种交流与互动迫使学生进一步探究某一观点或假设，深化他们的理解。同时，鼓励学生从多个角度或模拟不同的角色来进行有声思维，能帮助他们更全面地理解问题，增强思考的广度。学生还可以通过比较自己的与他人的有声思维，来辨识不同的逻辑结构和思考方式，进而反思和优化自己的思考模式。此外，将有声思维的记录整合为资源，使学生能够在需要时进行回顾，有助于他们看到自己思考的进展和演变，鼓励他们不断深化和拓展思考，逐步建立坚固的逻辑链条。总的来说，有声思维为我们提供了一个有效的工具，使我们可以直接观察和评估思考过程，从而更好地培养学生的逻辑推理和批判性思考能力。

在日常教学中，浮力是一个常令学生好奇却又难以完全掌握的概念。下面的教学案例将展示如何应用有声思维来帮助学生进行逻辑推理。

活动：教师先准备一个透明的水槽、一块石头、一块海绵和一个装水的透明塑料杯。教师的目标是让学生探讨物体是浮于水面还是沉入水中背后的原因。

（1）观察与有声思维启动。

教师首先放入石头，随后是海绵，并请学生描述他们所看到的。"石头沉到了水槽的底部，而海绵浮在了水面上。"

（2）提出问题与推理。

教师提问："你们认为这两个物体在水中的行为为什么不同？"一个学生回答说："我觉得是因为石头比水重，而海绵比水轻。"教师随后鼓励学生基于这个观点进行推理，并大声说出他们的想法。

（3）挑战现有观点。

教师提出一个问题："如果我们用一个杯子接满水，然后缓缓放入水槽，杯子会浮起来、沉下去，还是保持不动？"多数学生预测杯子会沉下去，因为"杯子里都是水，所以它和水槽里的水重量是一样的"。

（4）进行实验并应用有声思维。

当教师实际放入杯子时，杯子浮在了水面上，这让学生感到困惑。一个学生说："这很有趣，我原以为它会沉下去。也许是因为杯子的形状让它浮起来。"

（5）逻辑推理的深化。

教师继续提问："那么，真正决定一个物体在水中浮还是沉的是什么？"学生在进一步的讨论和推理后，逐渐认识到浮力与物体受到的重力之间的平衡关系，并开始尝试用这一理论去解释他们所观察到的现象。

这一案例展示了如何运用有声思维在教学中引导学生进行逻辑推理，使得学生能够更深入地理解物理概念，同时也锻炼了他们的思考和推理能力。

第三节　有声思维促进批判性思维的培养

有声思维不仅是一个展示逻辑链条和思考过程的工具，还是一种培养学生批判性思维的有效方法。批判性思维，简而言之，是一种评估信息并做出判断的能力，而有声思维正好为此提供了一个平台。

首先，鼓励学生利用有声思维对自己的思考进行评价与反思。当学生被要求大声说出他们的思考过程时，他们不仅展示了解决问题的方法，还暴露了自己的偏见、错误和盲点。例如，在一次问题解决的过程中，一个学生可能会说："我认为这个物理量应该这样使用，因为……"这个"因为"背后可能隐藏的是一个不准确的对数学规则的理解或一个常见的误解。当他们大声说出自己的思考过程时，教师和同学都有机会纠正错误，并指导学生进行更深入的反思。

其次，通过有声思维实践挑战学生现有的认知，鼓励其采纳新的观点和信息。学生在课堂上经常接收来自教材、教师和同学的各种信息。在这种环境中，他们可能习惯于接受而不是质疑这些信息。然而，当他们被要求用有声思维描述他们是如何处理和评估这些信息的，他们就被迫去审视和评估这些信息的来源、有效性和相关性。例如，当学生在学习一个具有争议的事件时，教师可以鼓励他们使用有声思维来探索不同的资料来源，并评估这些来源的可靠性。这不仅会帮助学生形成一个更全面和批判性的历史观点，还会培养他们在日常生活中评估信息的能力。

总之，有声思维是一个强大的工具，可以帮助学生更深入地、批判性地参与学习过程，培养他们的批判性思维。通过系统地应用这一方法，教师可以确保学生不仅掌握了知识，而且具备了在 21 世纪获得成功所需的关键能力。

在初中物理课程中，电磁感应是一个相对复杂但富有魅力的章节。通过以下的教学案例，我们可以看到有声思维如何加强学生的批判性思维训练：

背景：学生们已经学习了基本的电磁学知识，例如电场、磁场、电流和磁力的基本概念。

活动：教师展示一个简单的实验——一个闭合的电路、一个小灯泡和一个磁铁。目标是探究当磁铁接近或远离电路时，小灯泡是否会亮起来。

（1）观察与有声思维启动。

教师先不解释理论，而是让学生观察当磁铁移动时小灯泡的变化，并要求学生大声说出他们的观察和想法。"我注意到当磁铁快速靠近电路时，灯泡亮了一下。"

（2）提出假设。

教师鼓励学生基于他们的知识提出假设。"我认为当磁铁接近电路时，它可能产生了电流，使灯泡亮起来。"

（3）批判性思维的引导。

有了这些初步的有声思维，教师开始提出问题挑战学生的假设："如果是磁铁产生的电流，那为什么当磁铁停止移动时，灯泡就熄灭了？"或者"如果我们换一个更大的磁铁，结果会如何？"

（4）进一步探究。

在讨论和反思之后，教师让学生更系统地探索这个现象——改变磁铁的移动速度、使用不同大小和类型的磁铁，甚至尝试更复杂的电路配置。

（5）课程总结与反思。

教师再次使用有声思维的方法，引导学生回顾他们从最初的观察到对电磁感应更深入的理解的过程。"最初，我认为磁铁的接近和远离都会使灯泡亮起来，但实验后我意识到只有磁铁的移动才会导致这种现象。"

此案例展示了有声思维如何帮助学生批判性地思考、评估和修正自己的理解，从而加深对电磁感应现象的理解。

第四节　教师在教学中有效实施有声思维的策略

学生说题是教师教学中有效实施有声思维的手段。学生运用学科语言，口述探寻问题解决的思维过程以及所采用的学科思想方法和解题策略。具体来说，是让学生说出自己对题目的认识与理解；说出题目的条件、结论和涉及的知识点（包括概念、定理、定义等）；说出题目的条件、结论的转化；说出学过的与题目相似的那类问题；说出可能用到的学科思想方法；说出自己的想法和猜测；说出解题方法是如何想到的；说出为什么这样想，等等。

"说题"就是一个通过思维活动显性化来进行思维诊断的过程。通过"说题"，一方面让学生能清晰地认识到自己解决问题的依据、步骤、原因、障碍等，可以诊断自己解决问题中方法、策略的不当之处；另一方面其他同学也可以从中对比自己的思维活动的各个环节，取长补短，优化自己的思维策略。说题具体步骤如图 7-1 所示。

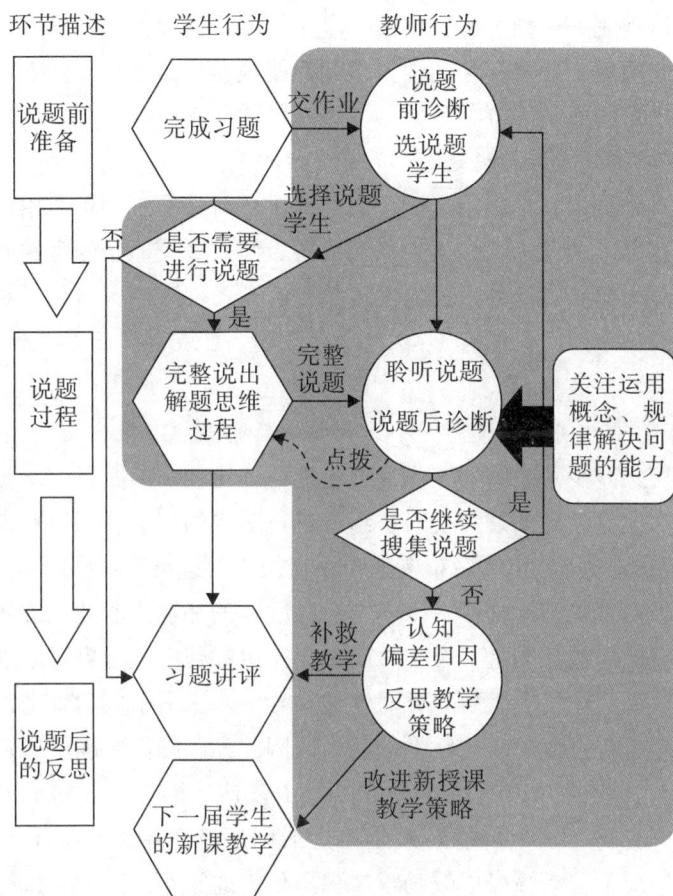

*灰色部分为与常规教学不同的流程。

图 7-1　说题的具体步骤

案例实践发现：选择物理相对薄弱的学生开展"说题"能更有效地诊断学生的认知偏差，并能针对他们的认知偏差进行针对性较强的补救教学；而且，这部分学生的学习态度一般比较认真，只是可能因为习惯死记硬背，造成他们根据基本概念和规律进行分析的能力比较弱，通过说题也能有效改善他们的思维习惯。学生说题的活动形式如下：

1. 学生在课堂上说题

教师与其他学生一起倾听学生说题，这样使每个学生听辨信息比较同步，教师能站在学生的痛点上展开教学。面临的困难是：学生往往学习不主动、缺乏自信而羞于表达观点，同时课堂花费时间较多，且说题学生一般都是有备而说的，无法呈现完整思维过程，较难对学生的认知偏差做出精确诊断。

这种形式适用于普遍存在的学生认知问题或教学难点，课堂需将学生的认知过程展示出来的教学部分。

2. 课下学生到教师处说题

这种形式是日常教学常用形式，通俗地讲，就是课下答疑使用学生说题的方式进行。这种形式的优点是学生毫无准备，能呈现最原始的做题时的思维过程，诊断也最为精确。这种形式的困难是受客观条件限制太多，一是利用课间说题较仓促，每个课间只能有 1~2 个学生说题，二是教师日常工作节奏紧张，难以坚持。

3. 课下学生之间相互说题，小组长归纳后向教师汇报

这样的形式减少了教师的工作量，也能覆盖比较多的题目，所获取的信息量也比较大。但是教师前期需要对小组长进行多次的培训，同时要先选好习题（可通过批改作业确定），然后布置各个小组长组织组员对这些题目进行说题。

此外，教师要给学生提供一个安全、鼓励性的环境说题。在现代教育实践中，有声思维已经被证明是一个强大的工具，可以帮助教师更好地理解学生的思维过程，从而为学生提供更有针对性的指导。对于大多数学生来说，直接公开自己的思考过程可能是一个巨大的压力。因此，教师需要确保课堂氛围是友好和接纳的，让学生知道这是一个可以自由表达、没有"正确"或"错误"答案的环境。有时，学生可能对某个概念或问题感到困惑，但不知道如何表达。在这种情况下，教师可以鼓励学生提出他们的问题，而不是试图为他们提供答案。即使学生在思考过程中存在错误或遗漏，教师也要鼓励他们进行尝试，而不是过多关注他们的错误。教师首先需要与学生建立起信任关系，要让学生感到舒适，让他们分享自己的思考过程。通过倾听、理解和关心学生，教师可以获得他们的信任，从而使他们更有信心分享自己的思考。教师要为学生提供有声思维的模板和示范，有些学生可能不知道如何开始，或者害怕自己说得"不对"。为此，教师可以提供一些简单的有声思维模板，如"我现在正在思考……"或"我不确定，但我觉得……"同时，教师还可以通过自己的示范来展示如何进行有声思维尝试。

为了使有声思维策略在课堂上运用成功，教师需要确保学生感到他们的声

音和思考被珍视与尊重。只有在这样的环境中，学生才会更愿意公开分享他们的思维过程，从而获得更深入、更有意义的学习体验。

第五节　有声思维实践案例

为了了解学生的完整思维过程，找准思维误区，将学生有声思维应用到日常教学中，发现学生在思维过程中存在的问题，从而改进教学和命题工作。以下将结合案例，说明在初中物理日常教学中通过有声思维的方式改进教学的几个方面的应用：

1. 通过学生有声思维改变教师的教学策略，引导教师发现教学中的盲点

题目：如图 7 - 2 所示，拉着重物 A 分别在两个光滑（摩擦力可忽略）而坡度不同的斜面上做匀速直线运动，拉力分别为 F_1、F_2，效率为 η_1、η_2，η_1、η_2 的大小关系为(　　)。

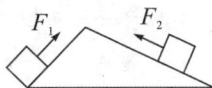

图 7 - 2

A. $\eta_1 > \eta_2$　　　B. $\eta_1 = \eta_2$　　C. $\eta_1 < \eta_2$　　D. 无法判断

"说题"对话：

师：你认为哪个效率大？

生：η_1 大。

师：为什么？

生：因为斜面 1 更陡。

师：为什么斜面越陡效率越大？

生：做过实验验证的啊。

师：那为什么要做探究倾斜程度对效率的影响的实验呢？

生：老师让我们做的。

…………

通过"说题"对话，我们发现：学生普遍认为 η_1 大，原因是做过"倾斜程度对斜面效率的影响"实验，所以认为斜面越陡，机械效率越大，而没有关注到要控制变量。因此教师要反思在上课时只关注让学生验证斜面的倾斜程度对斜面机械效率的影响，未让学生关注影响斜面机械效率的因素，进而重新

改进教学设计。

2. 通过学生有声思维完善题目命制

题目：小红同学做冰熔化实验时绘制的温度—时间图像如图 7-3 所示，若相等的时间内物质吸收的热量相同，请你根据图像判断：$C_冰$ ＿＿＿＿＿＿ $C_水$（选填"大于""小于"或"等于"），你的理由是＿＿＿＿＿＿＿＿＿＿＿＿＿＿＿＿
＿＿＿＿＿＿＿＿＿＿＿＿＿＿＿。

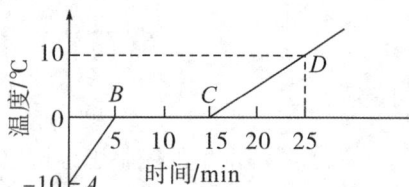

图 7-3

"说题"对话：

师：水和冰的比热容哪个大？

生：水大。

师：后面的理由怎么填？

生：水吸收热量多。

师：为什么水吸热多？

生：它们（冰和水）质量相等、升温相等，水的比热容大，根据公式 $Q = CM\Delta t$，所以水就吸热多啊。

师：你怎么知道水的比热容大？

生：书上写的啊。

师：那如果考试的时候你不记得哪个比热容大怎么办，能不能知道哪个吸热多？

生：不会了。

…………

对于题目，教师的预判是学生先根据晶体的熔化特征判断出 AB 段是冰，CD 段是水，然后再根据"相等的时间内物质吸收的热量相同"判断出同样的加热时间冰吸热和水吸热一样多，再由图像看出在吸热同样多的情况下，冰的温度变化大，而水的温度变化不大，从而再从比热容的概念得出冰的比热容比水小的结论。此题学生的正确率很高，而通过有声思维得知，学生之所以答对此题，是从书上背熟了水的比热容是最大的。因此反思后将题目改为：

小红同学做 M 物体（晶体）熔化实验时绘制的温度—时间图像，如图 7-3所示，M 的质量为 100 g，若相等的时间内物质吸收的热量相同，请你根据图像［该晶体液体的比热容为 3×10^3 J/（kg·℃）］。求：

（1）CD 段物质吸收的热量？

（2）AB 段吸收的热量_____CD 段吸收的热量（选填"大于""小于"或"等于"）。

（3）由图像可知，$C_固$_____$C_液$（选填"大于""小于"或"等于"），你的理由是_____。

由上述案例可以发现，在初中物理日常教学中应用有声思维有两个重要的反馈作用：第一，对教师教学的反馈作用。由于教师教学策略可能存在失误，教师上完课后不一定能及时反思到位，对学生概念的形成有一定的影响，有声思维能及时反映出教学策略的问题，从而敦促教师改进教学策略。第二，对命题的反馈作用。命题者预想考查的思维过程与学生做题时的实际思维过程是会有不同的，但是，有时由于题目本身表述的原因，学生即使思维过程有问题也能做出正确答案，因此，有声思维所反映的问题能折射出命题的失误之处，从而敦促命题者进行修正。

第八章　开放性作业：培养学生创造力与解决问题能力

本章聚焦于开放性作业在培养学生高阶思维能力方面的应用，介绍了开放性作业的理论基础和设计原则，阐述了开放性作业对学生创造力培养和问题解决能力的影响。同时，本章还分享了一些成功的教学实践案例，帮助教师设计和评估开放性作业，以促进学生的高阶思维能力发展。

第一节　初中物理作业的现状

作业是巩固知识、提高能力、发展思维的平台，是教与学交互活动的主要形式，是培养学生高阶思维的一个重要环节。但目前，初中物理作业普遍存在以下三个问题：

1. 作业量大、层次性差、重复过多

部分教师为提高学生成绩，习惯传统的题海战术，并且给所有学生布置同样的作业，要求在同样的时间内完成。对于这些大量的、重复性的、无差异的作业，学生过于依赖公式和固定模式来解决问题，而不是尝试用创新的方法或从多个角度看待问题，限制了学生的思考和创造力。重复性的作业可能使学生感到枯燥和缺乏挑战性，从而影响他们的学习兴趣和动机。这样的作业既违背了初中物理作业帮助学生巩固知识的初衷，也不利于学生综合素质的提高和高阶思维的培养。

2. 标准化作业太多，缺乏自主性和多样性

传统的初中物理作业几乎都是标准化的试题和统一的答案，作业设计的客观性太强，忽略了学生的自主学习能力培养；过多地注重知识和技能的掌握，忽略了学生的可持续发展能力的培养；太多机械化的内容，重复性的生硬操练，忽略了学生的个性化发展。固定答案的作业形式可能导致学生缺乏批判性思考的机会。他们可能更关心如何得到正确答案，而不是思考为什么这个答案

是正确的，或者是否存在其他可能的答案，缺乏对批判性思维的培养。

3. 应试性作业过多，缺乏生活联系

受应试教育的影响，目前不少教师布置的物理作业仍旧以书面作业形式为主，内容大多围绕课本做文章，突出考试重难点，但是拓展性、开放性的内容却很少。这样的作业使学生逐渐远离生活，远离趣味，远离创造，不能鼓励学生独立解决复杂问题或进行综合性分析，这在一定程度上限制了他们这方面能力的发展，缺少问题解决和综合分析能力的锻炼。

第二节　开放性作业的设计原则和方法

开放性作业主张主体的参与、时间的开放、形式的多样、层次的多元和评价的多维。与常规纸笔作业相比，开放性作业更容易做到因材施教，在完成创造性的作业过程中，更有利于培养学生的高阶思维。

开放性作业更容易做到因人而异与因材施教的有机结合，让学生在能动地完成创造性作业的过程中，学习积极性、主动性得到激发，个性得到发展，学习能力得到提高，能够更好地兼顾各科的学习，更加全面的发展。教师也能转变传统的作业布置与批改的方式，在教学中要善于应用开放评价的形式，将教师的评价、学生间的评价和学生自我评价有机结合起来，使之趋向多样化和合理化，从而更准确地评价学生，更好地激励学生，使教学符合学生主体的多元化发展理论。

一、基于多元智能的差异性原则，设计分层开放性作业，促进整体发展

我们的教育对象有极大的差异性，每个个体都是独一无二的，都有自己的独特性。在物理学习中，因学生智力因素、兴趣爱好、身体发展差异等因素的影响，对知识的吸收和消化能力各不相同，学生身心发展的差异性要求教育必须坚持因材施教的原则。基于学生各方面智能及学习基础的差异，接受能力也有强弱之别，设计初中物理开放性作业的时候，可以采用差异性作业的形式，针对不同学生的需求设计分层作业，既保障每个学生都达到学习要求，又能兼顾不同学生的能力需求，解决了优生吃不饱和差生吃不了的问题，让学生能把

时间都花在"刀刃"上。

例如，"透镜及其应用"这一章的开放性作业设计如下：

本章作业要求：

自制一个投影仪或照相机，并填写作业纸上的相关内容，独立完成，每人制作一件，一周内将作业纸和作品交到物理科代表处。

一、自制投影仪

实验器材：

鞋盒、胶布、凸透镜、铁丝、胶水、小刀等用具。

实验原理图：

实验原理图如图 8 – 1a 所示。

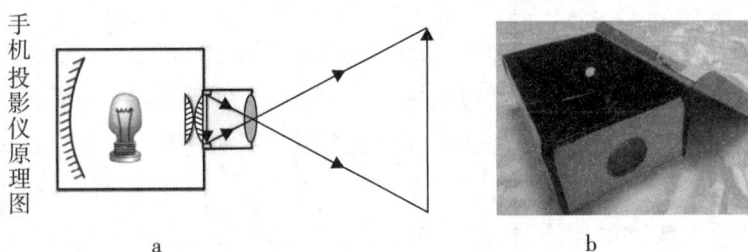

图 8 – 1

实验步骤：

1. 将鞋盒周围用黑胶布贴成密封状，使其不透光。

2. 然后用小刀在鞋盒一端裁出适合放凸透镜大小的洞，用 502 胶水将凸透镜粘在洞口处。

3. 用细铁丝做成手机框架，将框架两端的长细铁丝扭成钳子状，以便支撑平面镜。

4. 将平面镜安在钳子状的铁丝上，成品如图 8 – 1b 所示。

往届学生作品如图 8 – 2 和图 8 – 3 所示。

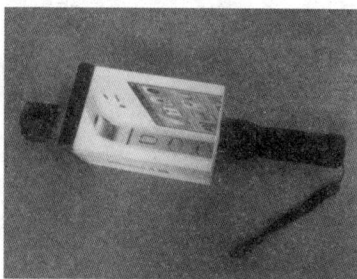

图 8-2

图 8-3

学以致用

1. 图 8-4 是小明自制的"手机投影仪"，放映时，为了在屏幕上得到更大的像，下列操作可行的是( )。

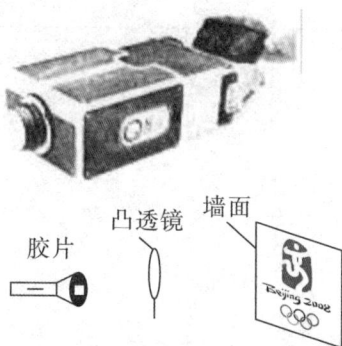

凸透镜 墙面

胶片

图 8-4

A. 投影仪离屏幕远一些，镜头与手机的距离调小一些

B. 投影仪离屏幕远一些，镜头与手机的距离调大一些

C. 投影仪离屏幕近一些，镜头与手机的距离调大一些

D. 投影仪离屏幕近一些，镜头与手机的距离调小一些

2. 小明自制了一个简易投影仪，在暗室中将印有奥运五环标志的透明胶片，贴在发白光的手电筒上，并正对着焦距为 f 的凸透镜，调整手电筒、凸透镜、白色墙壁之间的位置，在墙上得到了一个如图 8-4 所示的像，胶片与凸透镜的距离应该在范围_____（选填"小于一倍焦距""大于二倍焦距"或"在一倍焦距与二倍焦距之间"）。

3. 某投影仪的焦距为 20 cm，则投影片到镜头的距离应为( )，屏幕到镜头的距离应为(　　)。

　　A. 等于 20 cm　　　　　　　　B. 小于 20 cm

　　C. 大于 40 cm　　　　　　　　D. 在 20 cm 与 40 cm 之间

二、自制照相机

自制照相机成品照片

实验器材：

实验原理图：

实验步骤：

往届学生作品如图 8－5 至图 8－7 所示。

　　　图 8－5　　　　　　　　图 8－6　　　　　　　　图 8－7

学以致用

1. 用镜头焦距为 3 cm 的照相机拍鲜花时，鲜花与照相机镜头的距离应为（　　），底片到镜头的距离应为（　　）。

A. 等于 3 cm
B. 小于 3 cm
C. 大于 6 cm
D. 在 3 cm 与 6 cm 之间

2. 上题中，若要将花拍得大点，则需要_____（选填"增大""缩小"或"不改变"）花和镜头的距离，同时_____（选填"增长""缩短"或"不改变"）暗箱的长度。

3. 若某凸透镜的焦距未知，小梦调节蜡烛和光屏，直到光屏上出现蜡烛等大的像，测得蜡烛和光屏到凸透镜的距离均为 10 cm，则该凸透镜的焦距为_____ cm。

4. 当蜡烛距凸透镜 20 cm 时，在光屏上成缩小的实像，则凸透镜的焦距可能是（　　）。

A. 5 cm
B. 10 cm
C. 15 cm
D. 20 cm

能力稍弱的学生，可以根据清晰的指引制作出最基本的模型；能力中等的学生，可以在往届学生作品的基础上加入个性化的设计；对能力较强的学生，则给予大量的留白空间，让他们充分发挥自己的聪明才智和个人才能进行设计和制作。"学以致用"环节以典型例题帮助不同层次的学生掌握最核心的知识，落实"双基"要求。

这种层次分明的开放性作业给了学生自主选择的自由和权利，激发了学生学习的积极性，提高了学生的学习效率，有利于学生对知识的理解和掌握，也能够给予学生更多自由的时间和独立思考的空间。

二、基于多元智能理论的自主性原则，设计内容开放的作业，发挥学生个性特长

初中物理开放性作业应该给学生提供多种不同的选择，给学生提供选择的空间，促进学生的个性化发展。学生的课后作业不应只局限于死记硬背，而是要充分调动学生学习的自主性。开放性作业不局限于作业形式，不拘泥于课本内容，是物理课堂的延伸和拓展，是学生自主创造的空间。

例如，在"生活用电"这一章的开放性作业中，给学生一周时间用镜头

记录生活中的不安全用电现象。只给出例子："有金属外壳的电冰箱没有使用三孔插座，在线路老化时若火线外露接触了冰箱外壳，由于金属是导体，人触摸金属外壳时相当于直接连接火线，会有触电的危险。"并提出要求：①用镜头拍摄记录身边不安全用电的行为，至少 3 种。②所记录的现象必须真实。③拍摄的可以是视频或照片，若为视频应有语音解说，若为照片则要在照片中加入文字说明，内容为该现象的不当之处，可能存在的安全隐患或造成的灾害，以及你的理由。学生可以充分发挥自主能动性，利用充裕的时间把所学知识应用于发现并解决生活问题中。

又如，"信息的传递"这一章的开放性作业是创建并维护个人微信公众号，一周内完成第一篇文章的发布，首篇发布的文章必须跟物理学科相关。"能源及可持续发展"这一章的作业是：拍一个 3 分钟的小视频，其内容为号召人们节约能源，或介绍新能源，或演出主题为可持续发展的小品。3 ~ 5 位同学自由组合，利用假期完成。

完成这些作业的过程中，学生可以自由分组、自订计划、自主探究、自由选择呈现结果的形式。这样的开放性作业能让学生尽情地发挥个性特长，对学生既是一种锻炼，也是一种教育，更是一次综合能力的训练，增强了学生学习的效果。

三、基于建构主义的生活化原则，设计生活化的开放性作业，从物理走向生活

美国教育家杜威（Dewey）曾提出"从做中学"的教育原则，就是"从活动中学""从经验中学"。杜威认为："教育最根本的基础在于孩子的活动能力，使孩子认识到他的社会遗产的唯一方法就是去实践。""从做中学"强调的是要以学生的生活为依归，即从学生的生活实际出发。他认为，学生生来就有一个要亲身体验亲自动手的愿望，对探究活动有着浓厚的兴趣，故布置的作业如能紧密联系学生的现实生活，有丰富的情境，就可以激发学生完成作业的兴趣。

例如，"力"这一章的开放性作业就是让学生自制一个弹簧测力计，用它测量身边文具的重力；"简单机械"这一章的开放性作业则是自制一个简易小杆秤，并用它测量身边物品的质量。这样的作业源于生活，又高于生活，体现了"从生活走向物理，从物理走向生活"的理念。在完成作业的过程中，学

生需要把所学知识与生活实际紧密结合起来，学以致用。亲自动手制作测量工具能很好地调动学生的积极性和主动性，同时也有利于学生对重力、质量这些易混淆知识的理解，强化了学生对测量工具的使用技能，落实"双基"与发展能力两不误。

四、基于建构主义的融合性原则，设计综合性的开放性作业，促进知识融会贯通

初中物理教学内容涉及声、光、热、电、力各方面的内容，但不同章节的不同内容并不是割裂开来的，而是紧密联系、相互渗透的。因此，正好可以利用初中物理开放性作业把不同章节的内容进行整合，设计跨章节，甚至跨学科的综合性作业，让学生在完成作业的过程中把所学知识融会贯通，合理运用。

例如"电和磁"这一章的作业是自制一个发电机或电动机，或者自行设计一个利用电磁继电器进行自动控制的电路并组装实物模型。在制作电动机的过程中，学生需要透彻掌握电动机的原理，并且结合电路知识控制电动机转速和方向；又或是在制作发电机的过程中，学生通过运用电流电路知识，改变发电机发电的性质，或改变提供电压的大小。也有学生用自制的发电机给其他小组的电动机供电，打通知识脉络，综合运用知识的程度极高。当学生设计利用电磁继电器自动控制电路时，更是涉及物理知识的方方面面，如温度自动控制系统、压力自动控制系统、汽车自动打火系统、光电自动控制系统等。

这样的作业强调了复杂的学习环境和真实的情境，淡化了不同章节的界线，促进了不同学科知识的渗透融合，使学生通过作业综合运用各种知识和技能，更符合新课程改革的趋势，更适应社会发展的要求。

五、基于现代认知学习理论的趣味性原则，设计学生感兴趣的开放性作业，鼓励自主探究

布鲁纳（Bruner）认为，要有效地发展学生智力，必须采用合理的教学方法。他极力提倡"发现法"，引导学生自己去"发现以前未曾认识的观念间的关系和相似规律性"，及其对"本身能力的自信感"。他强调教师应该设计各种方法，创建有利于学生发现和探究的学习情境，使学生有一个主动积极的

"索取"过程，充分发挥学生的自主能动性，体现学生自主猜测、探究、发现的自然倾向。初中物理开放性作业就是要突破传统作业的固有模式，将以往的枯燥、单调、乏味变得活泼、生动、有趣，将只有"写"的形式变为"听、说、读、写、做、演"等各种形式的有机结合，将知识和技能的训练与趣味活动、智能开发联系起来，使作业能吸引学生主动完成。

例如，"声现象"这一章的作业是让学生自制一件小乐器，收集优秀作品之后开展自制乐器演奏会。这项作业通过动手制作替代死记硬背，把学生的好奇心成功地转移到探索科学知识上，通过制作和演奏小乐器，学生把对乐器的好奇提升为对声现象的求知欲，并且深刻理解乐音三要素的影响因素，精通如何改变乐音的三要素，既趣味盎然，又突破教学重难点。又例如，"浮力"这一章的作业是让学生自制"浮沉子"，使学生在亲自动手制作作品和近距离观察现象的过程中，透彻理解和应用物体的浮沉条件。

这些趣味性的开放性作业内容独特、形式多样、呈现方式新颖，使学生乐于思考又充满成就感，并且能在协作过程中提高团队合作能力、文字表达能力、逻辑思维能力，达到了寓教于乐的目的。

六、基于现代认知理论的创造性原则，设计挑战性的开放性作业，培养创新精神

创新能力是民族进步的灵魂、经济竞争的核心。当今社会的竞争，与其说是人才的竞争，不如说是人的创造力的竞争。这就要求我们必须时刻谨记培养学生的创新能力，引起他们创造的兴趣。正如泰戈尔（Tagore）所说："不能把河水限制在一些规定好的河道里。"初中物理作业也应打破传统作业和考试对学生的桎梏，给予学生自由创造的时间和空间。

因此，笔者设计了终极的开放性作业——初中物理能力考试：给学生整整一个月的时间，自由组队，自主发挥，自选与物理知识有关的任意主题，最后安排一个下午在学校科技节设展摊展示自己的作品并评奖。近年来，通过日常的开放性作业的训练，学生的小制作、小发明品种越来越多，质量越来越好，科技含量越来越高，不仅学生自身享受制作和展示过程，还吸引了大批其他年级的学生和其他学科的老师的高度关注。科技节展示中挑选出来的优秀作品有很多都被选送参加国际的、国家的、省市的各级发明比赛，多次获得金、银、铜各级奖励，学生的创新能力充分发展且被高度肯定。

第三节 开放性作业实践案例

案例一：机械运动

本章作业要求：

通过学习本章的知识，尝试测量最大的停稳距离，找同伴合作完成。一周内将作业纸交到物理科代表处，测量过程的照片或视频请上传到公共邮箱。

学校决定在两座房子之间的空地上建一个新的篮球场。在设计场地时，安全是首先考虑的因素，球场边线应该与房子保持多少距离，才能保证球员在撞上墙之前停下来呢？请同学们帮忙测量一下吧。

测量停稳距离

实验器材：

空地、手表、卷尺。

实验步骤：

1. 在空地上画出 25 m 长的距离（将路上的障碍物移开）。

2. 请你以最快的速度通过这段距离，在跑过 25 m 标志线时，尽可能减速至停下来，注意不能在标志线前就放慢速度。

3. 让你的同伴测量一下，从 25 m 标志线到你最后停稳处的距离，即停稳距离。

4. 与你的同伴互换角色，再次测量。请设计记录数据的表格，并将你和同伴跑完 25 m 的停稳距离记录下来。

设计记录数据的表格：

学以致用

1. 某同学骑自行车做匀速直线运动，在 4 s 内通过 40 m 的路程，那么他在前 2 s 内的速度是(　　)。

　　A. 40 m/s　　　　B. 20 m/s　　　　C. 10 m/s　　　　D. 5 m/s

2. 一个物体沿直线运动，它在第 1 min 内、第 2 min 内、第 3 min 内的路程都是 300 m，在这 3 min 内做的是(　　)。

　　A. 匀速直线运动　　　　　　　B. 变速直线运动

　　C. 变速运动　　　　　　　　　D. 无法确定

3. 汽车在平直的高速公路上行驶，1 min 通过了 1 800 m 的路程，汽车的平均速度是(　　)。

　　A. 1 800 m/s　　　B. 108 m/s　　　C. 90 m/s　　　D. 30 m/s

案例二：声现象

本章作业要求：

通过学习本章的知识，自制一件小乐器，可以是示例的自制横笛，也可以是其他自制小乐器。独立完成，每人制作一件。一周内将作业纸和小乐器一起交到物理科代表处，拍摄利用自制小乐器演奏乐曲的视频并上传到公共邮箱。

一、自制横笛

自制横笛的照片

实验器材：

PVC 管材、海绵地垫一块（作活塞用）、电钻一只、小钢锯、刻度尺、铅笔、小刀。

实验步骤：

吹口、笛内活塞和笛身结构及其具体数据如图 8-8 所示，用刻度尺测量好尺寸，用铅笔做好记号后，用电钻在 PVC 管的对应位置钻孔。

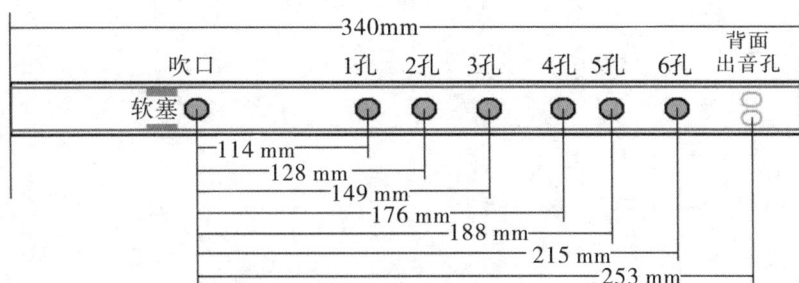

a

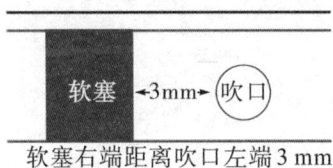

软塞右端距离吹口左端 3 mm

b

图 8-8

实验结论：

1. 横笛被吹响时发声体是_____。

2. 我能听到自制横笛的声音是因为声音可以通过_____传播，如果我把自制横笛带到月球上演奏，那么乐声就_____（选填"能"或"不能"）被听到了。

3. 我如何改变自制横笛的音调：如果我_____，音调高；如果我_____，音调低。

4. 我如何改变自制横笛的响度：如果我_____，响度大；如果我_____，响度小。

5. 我能分辨我制作的横笛与其他同学制作的乐器是不一样的，主要是靠声音的_____这个特性。

二、我的小乐器

名称：＿＿＿＿＿＿＿　（原理图或照片请贴于下方方框内）

> 小乐器原理图或照片

实验器材：

实验步骤：

实验结论：

1. 发声体：＿＿＿＿＿。

2. 我能听到小乐器的声音是因为声音可以通过＿＿＿＿＿传播，如果我把小乐器带到月球上演奏，那么乐声就＿＿＿＿＿（选填"能"或"不能"）被听到了。

3. 我如何改变小乐器的音调：如果我＿＿＿＿＿＿＿＿＿，音调高；如果我＿＿＿＿＿＿＿，音调低。

4. 我如何改变小乐器的响度：如果我＿＿＿＿＿＿＿＿＿，响度大；如果我＿＿＿＿＿＿＿，响度小。

5. 我能分辨我制作的小乐器与其他同学制作的乐器是不一样的，主要是靠声音的＿＿＿＿＿这个特性。

往届作品展示如图8-9至图8-13所示。

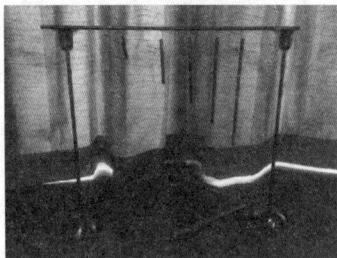
图8-9

图8-10

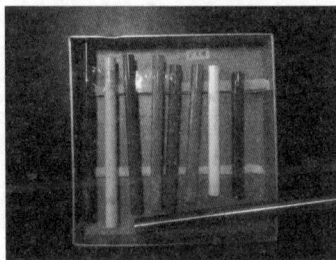
图8-11

图8-12

图8-13

学以致用

1. 小明自制了一个叫作"水瓶琴"的乐器，如图8-14所示，它是通过在8个相同的瓶子中装入不同高度的水制作而成的。让水面高度不同，主要是为了在敲击不同水瓶时使瓶子发出声音的_____不同。小红发现，小明用自制的乐器在与小华的笛子合奏时演奏错了一个音，她是根据这个音的_____

来判断是小明演奏错了。

图 8 - 14

2. 小华同学自制了如图 8 - 15 所示的乐器。木板上 A、B、C、D 是四个凸起的位置，橡皮筋跨过凸起，固定在木板的两端。演奏时，右手拨动橡皮筋，左手分别按住 A、B、C、D 处，便能听到美妙的乐音。

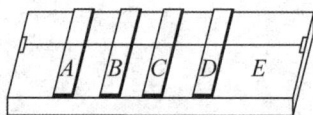

图 8 - 15

(1) 用_____的方法可以控制自制乐器发出声音的响度，用_____的方法可以控制自制乐器发出声音的音调。

(2) 自制乐器属于_____ (选填"管乐器""弦乐器"或"打击乐器")，其音色是由_____决定的。

3. 吉他是一种通过弦振动发声的乐器。如图 8 - 16 所示，在一个空木盒上固定一根木柄，琴弦一端固定在木盒 O 处，另一端跟木柄上的旋钮相接，就成了一把简单的自制吉他。陈好学习物理知识后知道弦振动发声的音调高低与弦的长短、粗细和松紧有关。现他用这把自制的吉他来探究"琴弦振动发出不同唱名 'dou、re、mi、fa、sou……' 的决定因素"，通过实验得到：当琴弦长 60 cm，发出的音为 "dou"；当琴弦长 45 cm，发出的音为 "fa"；当琴弦长 40 cm，发出的音为 "sou"。

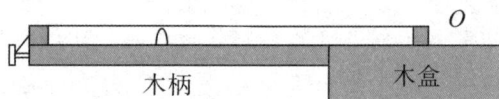

图 8 - 16

（1）此处木盒的作用是为了放大声音的_____。

（2）他上网查得音乐中不同唱名"dou、re、mi、fa、sou……"的频率关系如表8-1所示。根据此表，可以得到弦发声的音调高低与振动的频率的关系为_____。

表 8 - 1

唱名	dou	re	mi	fa	sou	…
频率	a	$\frac{9}{8}a$	$\frac{5}{4}a$	$\frac{4}{3}a$	$\frac{3}{2}a$	…
弦长/cm	60	$\frac{160}{3}$	48	45	40	…

案例三：光现象

本章作业要求：

自制一个光学小玩具，并填写作业纸上相关内容，独立完成，每人制作一件，一周内将作业纸和作品交到物理科代表处。请从下面四个小玩具中选做一个：小孔成像照相机；潜望镜；万花筒；魔术钱箱。

一、小孔成像照相机

实验器材：

做硬纸筒用的硬纸、剪刀、胶水、黑纸、塑料薄膜。

实验步骤：

1. 做两个可以紧密嵌套的硬纸筒，如图8-17所示。

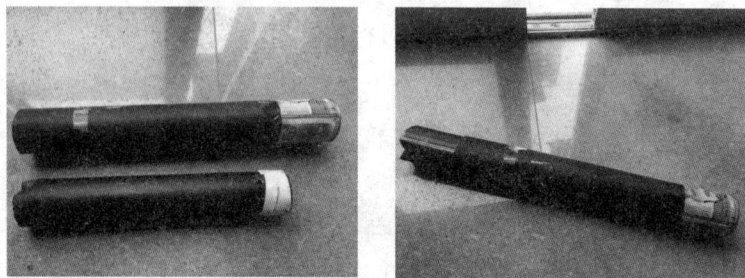

图 8 - 17

2. 在外筒的前端套上一个易拉罐，并在易拉罐上穿一个小孔（直径约 1 mm），如图 8-18 所示。

3. 如图 8-19 所示，在内筒的一端蒙上半透明的塑料薄膜。

图 8-18　　　　　　　　　　图 8-19

4. 如图 8-20 所示，让小孔对着点燃的蜡烛，塑料薄膜上就形成烛焰倒立的像（见图 8-21）。

 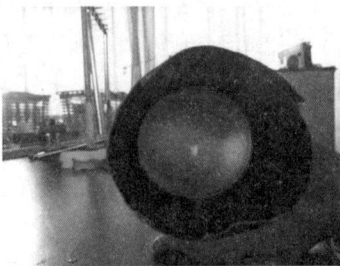

图 8-20　　　　　　　　　　图 8-21

5. 前后拉动内筒，像的大小和明亮程度就随着变化。

学以致用

学习了光学知识后，爱动脑筋的小明想自己制作一个小孔成像照相机进行探究，如图 8-22 所示。

（1）请用光路图作出蜡烛 AB 在屏上所成的像 $A'B'$（要求标出 A'、B'）。

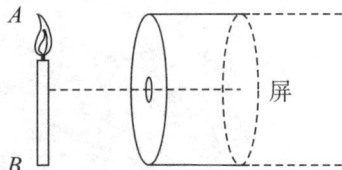

图 8-22

（2）若小孔是三角形的，则将三角形小孔正对太阳时在半透明纸上看到的是（　　）。

A. 三角形光斑　　B. 人的正立像　　C. 三角形影子　　D. 圆形像

（3）光屏和小孔位置不变，蜡烛远离小孔时，屏上所成的像的大小会_____；蜡烛和光屏位置不变，小孔远离光屏时，屏上所成的像的大小会_____（选填"变大""不变"或"变小"）。

二、潜望镜

实验器材：

剪刀、小刀、牙膏盒2个、镜子2块、透明胶、双面胶。

实验步骤：

1. 将一个牙膏盒从中剪开，如图8-23所示。装入镜子，镜子与盒壁成45°夹角。（镜子后面用一个45°的直角三角形垫着会更稳）

图8-23

2. 如图8-24所示，在另一个牙膏盒上面剪一个洞。

图8-24

3. 如图 8 – 25 所示，将牙膏盒拼插在一起，潜望镜就做好了。

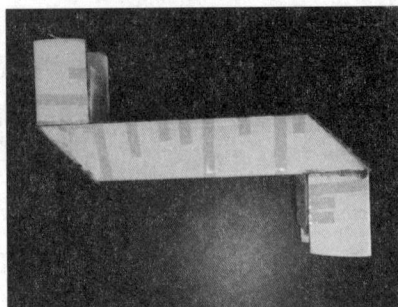

图 8 – 25

往届作品展示如图 8 – 26 至图 8 – 29 所示。

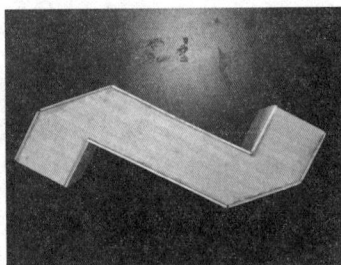

图 8 – 26

图 8 – 27

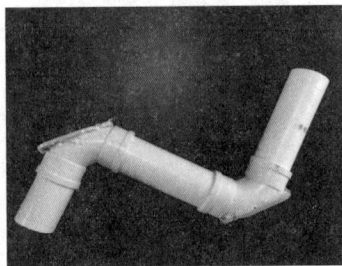

图 8 – 28

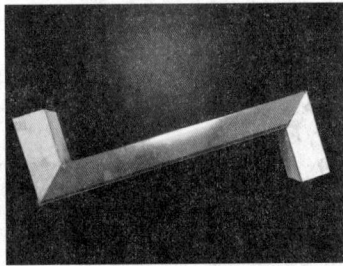

图 8 – 29

学以致用

1. 在图8-30上作出潜望镜的光路图。

2. 在潜望镜中看到的像是( )。

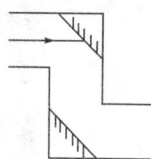

    A. 比实物小的实像   B. 比实物大的虚像

    C. 比实物小的虚像   D. 与实物大小相同的虚像

图8-30

三、万花筒

实验器材：

纸筒、3块三棱镜镜片、透明胶带、泡沫条、塑料珠片、塑料目镜、塑料物镜、2片透明玻璃圆片（一大一小）、磨砂玻璃圆片、厚纸条。

实验步骤：

1. 如图8-31所示，将3块三棱镜镜片排列在透明胶带上，并留一些间距，约2 mm；然后将镜片用透明胶带粘好，组合成三棱镜，如图8-32所示。

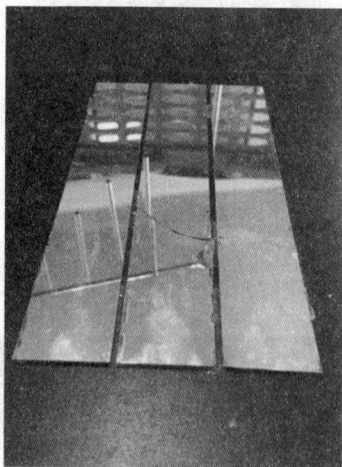

图8-31

图8-32

2. 将镜筒与物镜组合（见图8-33），放入磨砂玻璃圆片，再放入塑料珠片，将大的透明玻璃圆片盖在上面，并用厚纸条固定（见图8-34）。

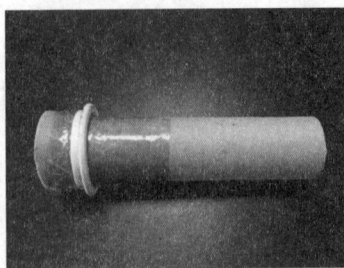

图 8－33

图 8－34

3. 如图 8－35 所示，将目镜与纸筒组装，在纸筒内放入小的透明玻璃圆片。将组装好的三棱镜缠上泡沫条，放入纸筒，如图 8－36 所示。

图 8－35

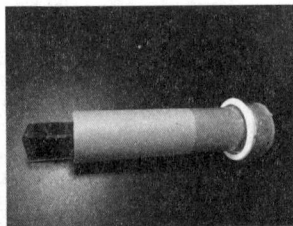

图 8－36

4. 如图 8－37 所示，将镜筒与纸筒组合成万花筒，就可以见到图 8－38 的美丽图案了。

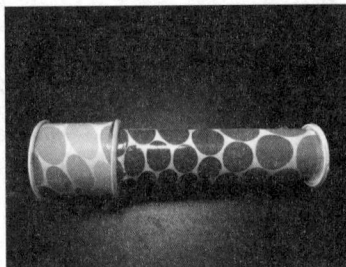

图 8－37

图 8 – 38

学以致用

请在图 8 – 39 中画出物体 AB 在万花筒的三面镜子中所成的像 A_1B_1、A_2B_2 和 A_3B_3。

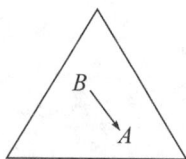

图 8 – 39

※四、魔术钱箱

留个有挑战性的问题给各位同学自主思考，魔术钱箱的实验器材和实验步骤就不提供了，可以参考下面"学以致用"的内容，制作魔术钱箱。期待你的魔法展现！

往届学生作品如图 8 – 40 和图 8 – 41 所示。

图 8 – 40

图 8 – 41

学以致用

魔术是深受同学们喜爱的节目，其中包含着许多的科学原理，图 8－42 甲是某同学自制的一只魔术箱，表演时他将开口的方形空箱面展示给观众，把纸币从空箱顶端的投币口投入，结果纸币"不翼而飞"。

（1）原来魔术箱中有一块平面镜（见图 8－42 乙），它与箱底的夹角应该为_____度，观众觉得箱子里没有东西、不能看到平面镜后面的纸币是因为光的_____造成的，而能够看到格子是因为_____。

（2）在图 8－42 丙中作出平面镜及物 AB 在魔箱中所成的像 A'B'。

（3）如果要投入一张 100 元纸币，使观众能看见两张 100 元纸币，则投币口应开在_____的位置（选填"上表面""下表面"或"侧面"）。

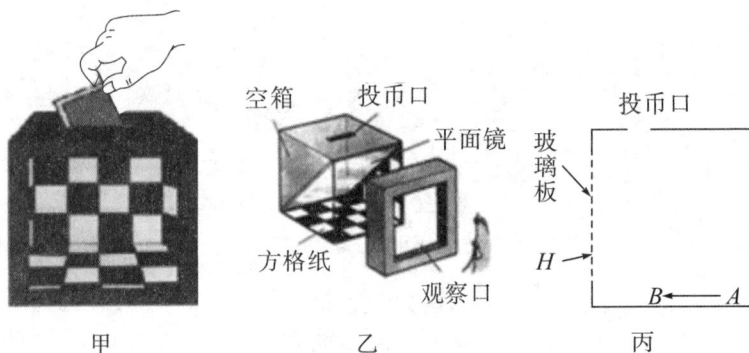

甲　　　　　　　　乙　　　　　　　　丙

图 8－42

第三编

高阶思维培养的评估与反馈及展望与挑战

第九章　评估与反馈：高阶思维培养的
　　　　　有效性评估与提升

本章主要研究了高阶思维培养评估的理论基础和方法，解读和应用评估结果，并探讨教师反馈策略的设计和实施。同时，本章分享了一些成功的教学实践案例，以帮助教师有效评估学生的高阶思维能力，并提供有针对性的反馈。

第一节　高阶思维培养评估的理论基础和方法

高阶思维培养的评估是确保教学目标达成并提供有效反馈的重要环节。评估旨在了解学生在高阶思维方面的能力发展情况，以及教学方法对学生高阶思维的影响程度。对学生高阶思维培养评估的理论基础主要有以下三个：

一、布鲁姆认知目标分类

布鲁姆认知目标分类是教育领域中一个经典的、系统的分类体系。它区分了认知发展的六个层次：知识、理解、应用、分析、综合和评价。根据布鲁姆的分类，知识、理解和应用是基础的认知目标，而分析、综合和评价是更高层次的认知目标，通常与高阶思维相对应。利用布鲁姆认知目标分类对学生的高阶思维培养情况进行评估，可以采取以下方法：

1. 分析层次

（1）设计任务要求学生区分事实、假设、推论、事物的相关与不相关部分等。

（2）使用案例研究、情境模拟等方式让学生解构信息，找出其组成部分及其内在关系。

（3）利用测试题或小组讨论的形式，鼓励学生识别论点和论据，以及区分主要观点和次要观点。

2. 综合层次

（1）设计任务鼓励学生将他们学到的知识、信息或技能整合到新的、复杂的情境中。

（2）提供模拟实践或项目基础的学习机会，使学生能够在实际环境中应用其知识和技能。

（3）要求学生在给定的议题或主题上创作文章、报告或演讲，鼓励其进行跨学科的整合。

3. 评价层次

（1）设计开放性问题让学生评估各种情境、决策或论点的优点与缺点。

（2）在小组讨论或辩论中，让学生评价不同观点的合理性、有效性和准确性。

（3）提供真实或模拟的情境，要求学生基于评价结果进行决策或建议。

此外，制定与布鲁姆认知目标分类相匹配的评分标准和量表也很关键。这不仅可以为教师提供明确的评估方向，还能帮助学生明确他们应达到的认知目标。教师通过明确的指示、系统的训练和持续的反馈，可以确保学生在高阶思维的培养上取得实际的进步。

为了制定与布鲁姆认知目标分类相匹配的评分标准和量表，首先要明确每个层次的具体内容。以下是一个简化的布鲁姆认知目标分类评分标准和量表示例：

布鲁姆认知目标分类评分标准

1. 知识层次：简单回忆事实、术语、基本概念和答案。

——1分：不能回忆信息；

——2分：能部分回忆信息；

——3分：完全正确地回忆信息。

2. 理解层次：解释事实、术语、基本概念等的意义。

——1分：不能解释或解释错误；

——2分：能部分解释但不完整；

——3分：能完整且准确地解释。

3. 应用层次：使用信息或知识在新的情况下解决问题。

——1分：没有使用或错误地使用信息；

——2 分：部分正确地使用信息，但存在误区；

——3 分：准确并恰当地使用信息。

4. 分析层次：区分信息的各个组成部分并了解其结构。

——1 分：不能识别和分析信息的组成部分；

——2 分：部分识别和分析，但不完整；

——3 分：完整且准确地识别和分析信息。

5. 综合层次：连接不同的信息，形成整体的观点或结构。

——1 分：不能整合信息；

——2 分：部分整合，但存在缺陷或不完整；

——3 分：恰当并完整地整合信息。

6. 评价层次：判断材料和方法的质量和效益。

——1 分：不能进行评价或评价不正确；

——2 分：部分评价，但存在偏见或误解；

——3 分：公正、准确并全面地进行评价。

这个量表中，每个层次都分为三个评分标准，最低为 1 分，最高为 3 分。教师可以根据学生在具体任务中的表现为其打分。这个量表旨在简化布鲁姆认知目标分类，使其适应具体的评估需求，可以根据实际教学和评估需求进行调整和细化。

二、认知发展理论

认知发展理论，尤其是皮亚杰（Piaget）的认知发展理论，为教师提供了一个框架，来理解和评估学生在不同年龄段的思维能力。为了对学生的高阶思维培养情况进行评估，根据认知发展理论的指引，教师可以从以下几个方面入手：

1. 识别当前认知阶段

确定学生当前处于哪个认知发展阶段。例如，初中生大部分处于形式运算阶段，这意味着他们已经能够进行抽象思考和逻辑推理。

2. 观察逻辑推理能力

在形式运算阶段的学生应能够进行假设性推理。教师可以通过设计任务或问题，要求学生提出假设并进行验证，来观察和评估他们的这一能力。

3. 问题解决和抽象思考

设计一些开放性的问题，观察学生如何使用抽象概念和原则来解决问题。例如，提供一个实验问题，让学生设计实验并解释预期结果。

4. 评估信息处理能力

在具体任务中，观察学生如何组织、分类和变换信息。例如，在一个复杂的物理问题中，学生如何将知识分解、分类并应用到问题的解决中。

5. 挑战现有认知结构

为学生提供一些超出他们当前认知能力的材料或问题，观察他们如何尝试理解和解决，以及他们是否有能力调整自己的认知结构来适应新的信息。

6. 自我评价和反思

鼓励学生进行自我评价，反思自己的思考过程和结果。这可以帮助教师了解学生的认知发展情况，同时也促进学生的元认知能力发展。

7. 同龄比较

通过比较同龄学生的认知表现，教师可以更好地了解学生的认知发展是否符合年龄特点，以及他们与同龄人相比处于何种水平。

结合认知发展理论进行评估时，需要注意的是，每个学生的发展都是独特的，可能会有个体差异。因此，评估结果应当作为一个参考，而不是绝对的判断标准。基于皮亚杰的认知发展理论，教师可以设计一个与各个发展阶段相匹配的评分标准和量表：

认知发展评分标准与量表

1. 感觉动作阶段（0~2岁）

（此部分适用于早期儿童教育，不适用于初中物理教育评估）

——对新事物表现出好奇心：5分

——通过亲手操作来了解物体：5分

——模仿成人的行为：5分

2. 前运算阶段（2~7岁）

（此部分适用于早期儿童教育，不适用于初中物理教育评估）

——使用符号和图像代表真实物体：5分

——能够分类和序列化物体：5分

——尚未掌握逆向操作：5分

3. 具体运算阶段（7～11岁）

（此部分适用于小学生，不适用于初中物理教育评估）

——能够进行逻辑运算但仍基于实际情境：10分

——开始理解数学概念，如数的保存：10分

——可以按类别或特点进行分类：10分

4. 形式运算阶段（11岁以上）

——能够进行抽象思考和推理：15分

——能够进行假设性推理：15分

——能够深入理解复杂概念并应用：15分

5. 元认知能力

——能够反思自己的思考过程：5分

——能够评价自己的学习策略并进行调整：5分

6. 同龄比较

与同龄人的认知能力相比，处于：

——低于平均水平：5分

——平均水平：10分

——高于平均水平：15分

请注意，上述评分标准和量表只是初步的设计，具体应用时需要根据教育背景、学生特点和教育目标进行适当调整。同时，由于皮亚杰的认知发展理论主要关注儿童早期的发展，初中物理教育更多地涉及形式运算阶段的评估。

三、元认知理论

元认知理论指的是关于认知的认知，或者说是我们对自己认知过程的知觉和理解。元认知技能包括：计划、监控、评估、调整策略等。这些技能对于高阶思维尤其是批判性思维和问题解决能力的培养至关重要。教师利用元认知理论对学生的高阶思维培养情况进行评估可以采用以下方法：

（1）元认知问卷。设计一个问卷，询问学生他们如何计划学习，如何评估自己的学习策略，以及当遇到困难时如何调整策略。这些问题将帮助教师了解学生的元认知能力。

（2）学习日志和反思。要求学生在学习某个主题或完成任务后写下他们的学习过程、使用的策略、遇到的困难以及解决的方法。这不仅能帮助学生进行自我反思，还能让教师看到学生的元认知过程。

（3）策略使用的观察。在实际的课堂或实验中，观察学生如何使用策略，如何处理问题，以及如何在必要时调整策略。

（4）模拟实际情境的问题解决任务。给学生一个实际的问题让他们解决，并要求他们描述思考过程，这可以让教师看到学生在实际问题解决中的元认知策略使用情况。

（5）与学生的访谈。直接与学生交谈，询问他们如何看待自己的学习过程、如何评价自己的策略使用等，可以得到关于学生元认知的直接信息。

（6）同伴评估。让学生相互评估彼此的策略使用和问题解决过程，这不仅可以培养学生的元认知技能，还可以增强他们的批判性思考能力。

四、具体评估方法

1. 综合性评估

综合性评估可以结合多种评估工具和方法，如问卷调查、观察记录、作品展示、项目评估等，以全面了解学生的高阶思维能力和水平。通过综合性评估，教师可以全面了解初中学生的物理高阶思维能力和水平。我们以初三物理学习完能量的转化与利用后的评估为例子进行说明：

主题：热学中的能量转化与利用

综合性评估内容：

课堂观察：教师在课堂上观察学生的参与程度、问题解决能力、批判性思维表现等情况。

书面作业：教师设计一份书面作业，要求学生回答一系列开放性问题，包括物体的能量转化过程、能源利用的优缺点等。

小组项目：学生组成小组，选择一个能源利用方面的主题进行深入研究，并撰写一个综合性报告。要求报告中包含问题提出、实验设计、数据分析、结论和解决方案等内容。

实验报告：学生进行实验，记录实验数据，并撰写实验报告，以此评估学生的实验设计能力、数据分析能力和对实验结果的解释能力。

口头演示：学生进行小组或个人口头演示，展示他们在能量转化与利用方面的研究成果，以此评估学生的表达能力和逻辑推理能力。

学习日志：学生记录自己在学习过程中的思考和发现，包括自我评价和对学习目标的认知。

综合性评估分析：

通过以上综合性评估，教师可以获取初中学生在物理高阶思考方面的多方面信息，包括参与度、问题解决能力、批判性思考能力、实验设计能力、数据分析能力、逻辑推理能力、表达能力等。教师可以综合分析学生的评估结果，形成一个全面的评估报告，了解学生在高阶思维方面的发展水平和潜力。同时，评估结果也可以为教师提供有针对性的指导和支持，帮助学生进一步发展和提升高阶思维能力。

2. 反思性评估

反思性评估，即鼓励学生进行自我反思和评估，可以通过学生的自评和学习日志等方式，了解学生对自己高阶思维能力的认知和发展情况。教师通过反思性评估，了解学生对自己高阶思维能力的认知和发展情况是一种有价值的方式。例如：

主题： 解析牛顿第一定律
反思性评估内容：

学习日志：学生每节课结束后，写下一篇学习日志，记录自己在学习牛顿第一定律时的思考、困惑和收获。鼓励学生写实、深入的反思，包括自己在问题解决中遇到的困难、如何克服困难、新的思考方式等。

自我评估问卷：学生填写一份自我评估问卷，评估自己在解析力学中应用牛顿第一定律解决问题的能力。问题涵盖逻辑思考、实验设计、问题求解等方面，学生需要给自己打分并提供解释。

小组讨论：学生分成小组，共同讨论一个复杂问题，并共同解决。在讨论过程中，教师记录学生的发言和合作表现，以及他们在问题解决中的思维过程。

反思性评估分析：

通过学习日志、自我评估问卷和小组讨论，教师可以了解学生对自己高阶思维能力的认知和发展情况。学生在学习日志中的自我反思可以帮助教师了解他们对学习过程的感受和思考，对自己解决问题的能力和策略进行评估。自我评估问卷则是了解学生对自己高阶思维能力的主观认知，帮助教师了解学生对自己能力水平的自我认知和自信程度。小组讨论可以展示学生在合作中的表现，包括交流思想、接受他人意见、共同解决问题等。综合分析以上反思性评估的结果，教师可以更全面地了解学生对自己高阶思维能力的认知和发展情况。同时，通过反思性评估，学生可以更深入地思考和认识自己的学习过程和能力，有助于激发学生的学习动机，改进学习策略，促进高阶思维能力的发展。

3. 任务性评估

任务性评估，即通过给学生设计具体任务和情境，观察和评估学生在实际问题解决中的高阶思维表现，如提供开放性问题让学生进行解答和讨论。通过任务性评估，教师可以观察和评估学生在实际问题解决中的高阶思维表现。例如：

主题：力学中的运动学和动力学

任务性评估内容：

设计问题解决任务：教师设计一个关于运动学和动力学的复杂问题，要求学生进行综合性的分析和解决。例如：一辆汽车以不同的速度行驶，计算汽车在不同速度下所需的制动距离，并给出相应的安全行驶建议。学生需要考虑运动学和动力学的相关知识，结合实际情境，进行数据收集和计算，然后提出解决方案。

观察学生解决问题过程：在学生完成任务的过程中，教师观察学生的思考和行动，包括问题分析的能力、运用知识的准确性、逻辑推理的合理性、解决方案的创新性等。

口头表达和演示：学生完成任务后，进行口头表达和演示。学生需要向全班展示他们的解决方案，并回答同学和教师的提问。这可以帮助教师进一步了解学生对问题解决的思考过程和能力。

任务性评估分析：

通过任务性评估，教师可以观察学生在实际问题解决中的高阶思维表现。

任务设计涉及多方面的知识和技能，学生需要运用多种概念和理论进行综合性分析，同时还要结合实际情境进行问题求解。观察学生解决问题的过程，教师可以评估学生的问题分析能力、运用知识的准确性、逻辑推理的合理性、解决方案的创新性等高阶思维能力。学生的口头表达和演示可以帮助教师进一步了解学生对问题解决的思考过程和能力，以及他们的表达能力和自信程度。通过任务性评估，教师可以全面了解学生在实际问题解决中的高阶思维表现，为教学提供有针对性的指导和支持，有助于学生高阶思维能力的发展。同时，任务性评估也可以激发学生的学习动机，增强他们解决问题的信心和能力。

4. 成果展示评估

学生通过展示作品、项目报告、口头演示等方式展示自己的高阶思维能力和成果，教师通过评估作品质量和表现来评估学生的高阶思维水平。例如：

主题：科学探究项目——能量转化与利用

成果展示评估内容：

学生小组项目：学生分成小组，选择一个和能量转化与利用相关的主题进行深入研究。他们需要进行实验设计、数据收集、分析和结论的提出，然后撰写一份综合性的项目报告。

项目报告展示：学生进行小组或个人口头展示，向同学和教师展示他们的研究成果和项目报告。展示包括项目的背景和目的、实验设计、数据分析、结论和解决方案等内容。

作品展示：学生可以通过制作实物、模型、海报等形式来展示他们的研究成果和理解。例如，他们可以制作能源转化的实物模型，用海报展示能源利用的优缺点等。

成果展示评估分析：

通过成果展示评估，教师可以评估学生在高阶思维方面的表现。学生的项目报告和展示可以展示他们在实际问题解决中运用高阶思维的能力，包括问题分析、实验设计、数据分析、结论提出等。学生的作品展示也可以反映他们对能量转化与利用概念的理解和创造性思维能力。教师可以通过评估作品质量和学生的口头表达来全面了解学生的高阶思维水平。同时，成果展示评估也能够激发学生的学习动机，鼓励他们在项目研究中展现自己的才能和创造力。通过成果展示评估，学生可以更深入地思考和理解所学知识，并展示自己的学习成果，有助于促进高阶思维能力的发展。

5．使用专门的评估工具

（1）沃森—格拉泽批判性思维评估。

沃森—格拉泽批判性思维评估（Watson – Glaser Critical Thinking Appraisal，WGCTA）是一个广泛使用的标准化测试，旨在衡量批判性思维技能。该测试用于多种目的，包括在教育环境中评估学生的批判性思维能力，以及在企业和专业领域评估求职者的潜力，特别是对于需要分析思考和决策技能的角色。WGCTA 的总体情况概述如下：

①测试组成。

WGCTA 分为几个部分，每个部分都专注于以下特定的批判性思维技能：

推理：基于提供的信息评估结论是否必然。

识别假设：识别语句中未明示的假设或预设。

推演：确定结论是否由给定的前提得出。

解释：权衡证据以确定解释或结论的准确性。

评估论据：评估论据的强度或弱度。

②格式和时长。

测试由基于短文的多项选择题组成。根据使用的 WGCTA 的具体版本，问题的数量和所分配的时间可能会有所不同。通常，测试可能需要 30～50 分钟来完成。

③评分。

分数通常以百分位数的形式呈现，显示测试者相对于参考组的表现（例如，"您的得分在第 85 百分位"）。得分越高，表示批判性思维技能越强。

④在各种环境中的应用。

教育：机构可能会在入学和毕业时使用 WGCTA 评估学生的批判性思维技能和批判性思维培训项目的效果。

就业：许多组织在招聘过程中使用 WGCTA，尤其是对于需要批判性分析、复杂问题解决和决策技能的职位。这可能包括管理、法律或任何需要合理推理的领域。

专业发展：公司可能使用 WGCTA 来确定员工批判性思维技能的改进领域，然后设计有针对性的培训干预。

⑤优势和局限性。

优势：WGCTA 是标准化的，这意味着它的设计是可靠和有效的，其广泛使用也意味着有大量的基准数据可供参考。

局限性：和所有测试一样，WGCTA 也有其局限性。它在测试条件下衡量批判性思维的某些方面，这可能并不总是完美地转化为现实世界的情境。

WGCTA 是一个在各种环境中评估批判性思维技能的有价值的工具。然而，和所有测试一样，应在其他可用信息的背景下解释结果，并不应将其作为决策过程中的唯一决定因素。

（2）加利福尼亚批判性思维技能测试。

加利福尼亚批判性思维技能测试（California Critical Thinking Skills Test, CCTST）是一种被广泛认可和使用的标准化测试，其目的是评估个人的批判性思维技能。这是对批判性思维五大核心技能组件的全面评估，包括：解释、分析、评价、推断和自我调节。CCTST 的简要概述如下：

①测试组成。

CCTST 主要评估以下五大核心批判性思维技能：

解释：理解、解释和表示信息。

分析：识别假设、论点和结论，检查论证的相关性和结构。

评价：评估声明的可信度和论点的相关性及有效性。

推断：根据提供的信息得出结论，确保结论的合理性、证据的充分性和考虑所有相关信息。

自我调节：对自己的思维过程进行意识的调节和修正。

②格式和时长。

CCTST 通常由多项选择题组成，测试可能需要 40~60 分钟来完成。

③评分。

CCTST 的评分通常提供对测试者在五大核心技能中每一项的表现的深入分析。此外，它还提供一个整体的批判性思维技能得分。

④在各种环境中的应用。

教育：许多教育机构使用 CCTST 来评估学生的批判性思维技能，并用这些数据来改进课程设计和教学策略。

就业：企业和组织可能在招聘过程中使用 CCTST 来评估求职者的批判性思维技能，尤其是对于需要分析、决策和解决问题的职位。

专业发展：CCTST 可以被用作员工培训和发展的一部分，帮助员工提高其批判性思维技能。

⑤优势和局限性。

优势：CCTST 是一个被广泛认可的批判性思维技能测试，已被证明在多种情境中是可靠和有效的。

局限性：同所有测试一样，CCTST 也不能完全捕捉到一个人所有的思维技能和能力。因此，当依赖 CCTST 的结果做出决策时，应该与其他信息一起综合考虑。

CCTST 是一个在各种情境下评估批判性思维技能的有用工具，特别是当我们需要对思维技能进行详细和全面的评估时。

教师在评估学生高阶思维培养的过程中，需要结合不同的理论和方法，确保评估的全面性和准确性。同时，教师应将评估结果及时反馈给学生，帮助他们认识自己的高阶思维能力，并提供有针对性的指导和支持。评估不仅有助于教师了解教学效果，也有助于学生认识自己的学习进展，从而更好地调整学习策略和提升高阶思维能力。

第二节 评估结果的解读与应用

对学生高阶思维的评估是一个重要的步骤，但评估结果的解读与应用对于确保高阶思维培养有效性至关重要。教师需要仔细分析评估结果，并根据学生的表现提供有针对性的反馈和支持。

为了解读评估结果，教师需要对学生在各个方面的高阶思维能力进行综合性评估。例如，学生是否能在物理学史学习中展现创造性思维，或在大单元整体教学中显示出批判性思维。这样的综合评估可以为教师提供一个全面的学生思维技能的快照。在评估学生的高阶思维能力时，通常会采用定性和定量两种方法。定性评估可以提供对学生思维过程的深入了解，而定量评估可以为教师提供客观的数据支持。这两种方法的对比可以帮助教师更全面地理解学生的实际表现。

评估的真正价值在于其应用。对学生的评估结果进行解读后，教师需要将其转化为具体的教学策略，帮助学生进一步提高高阶思维技能。根据评估结果，教师可以为学生提供有针对性的反馈。例如，如果学生在批判性思维方面表现出色，教师可以鼓励他们在其他领域也应用这种思考方式。评估结果可以为教师提供关于哪些教学策略有效，哪些需要调整的信息。例如，如果学生在有声思维的训练中表现不佳，那么教师可能需要考虑采取其他方法来提高学生的逻辑推理能力。此外，根据评估结果，教师可以设计更加有针对性的教学活动。例如，如果学生在创造性思维方面有所欠缺，教师可以组织一些创新实验或项目，鼓励学生进行创意思考。

为了确保教学策略的有效性，教师需要进行持续的评估并根据结果进行反思。这不仅可以帮助教师了解学生的进展，还可以及时调整教学策略，以更好地满足学生的需求。

评估结果的解读不能忽视学生的个体差异。每个学生都有其独特的学习路径和方式，这也将反映在他们的思维技能上。对于在高阶思维技能上表现出色的学生，教师应当提供更多的深入学习和挑战性任务；对于需要进一步提高的学生，教师应当提供更多的支持和练习机会。学生的背景知识、文化和生活经验对其高阶思维技能的发展有重要影响。在解读评估结果时，教师应当考虑这些因素，并根据学生的实际情况进行教学调整。

为了得到更全面、更准确的评估结果，教师可以考虑与其他评估工具和数据相结合。学生的学习日志和反馈可以为教师提供更多关于学生高阶思维技能发展的信息。这些实际的数据可以与评估结果相结合，为教师提供更全面的视角。将学生的高阶思维评估结果与其他评估方法（如标准化考试、项目评价等）的结果进行对比，可以帮助教师更好地了解学生的实际表现和需要。

对学生高阶思维的评估结果进行有效的解读与应用是确保教学质量和学生成功的关键。通过综合评估、有针对性的反馈、调整教学策略、考虑学生个体差异以及与其他评估工具和数据相结合，教师可以为学生提供更加个性化、有效的教学支持。

第三节　教师反馈策略的设计与实施

教师在对学生高阶思维的评估结果解读后，面临着一个至关重要的任务：如何有效地为学生提供反馈，从而促进他们的高阶思维技能的进一步发展。评估结果不仅为教师揭示了学生在高阶思维方面的现状，还为教师提供了有关学生思维方式和习惯的深入了解，这为教师提供了有针对性的指导和干预的依据。

在解读评估结果时，教师需要深入学生的思考过程中，而不仅仅是停留在他们的答案或结果上。这意味着教师需要关注学生如何分析问题、如何判断和评估信息以及如何使用创新思维来寻找和提出解决方案。这种深入的理解为教师提供了给学生制定个性化的指导和反馈策略的基础。

在设计反馈策略时，教师应该考虑如何将评估结果与学生的实际学习需求和目标相结合。这可能意味着教师需要与学生进行更深入的沟通，了解他们在学习过程中遇到的困难和挑战，以及他们对于高阶思维发展的期望和目标。基于这些信息，教师可以制定出更具有针对性的反馈内容和方法。

对于实施反馈策略，教师可以采取多种方式。首先，教师可以利用一对一的指导时间，与学生深入讨论他们的思考过程，帮助他们识别和理解自己在高阶思维方面的优点和不足。这种个性化的反馈有助于学生更好地认识自己，也有助于他们建立自信，并找到改进的方向。其次，教师还可以组织小组讨论和活动，鼓励学生分享自己的思考方式和方法，并与同伴进行对比和交流。这种方式可以帮助学生看到不同的思考角度和方法，从而开阔他们的视野，促进他们的高阶思维技能的发展。最后，教师也可以通过提供具体的实践机会来为学生提供反馈。例如，教师可以设计一些开放性的问题或任务，要求学生使用他们的高阶思维技能来解决。在学生完成任务后，教师可以为他们提供具体的、有针对性的反馈，帮助他们看到自己的进步，以及需要进一步改进的地方。

教师在对学生高阶思维评估结果的解读和反馈过程中，与学生的沟通与合作变得尤为关键。当学生对自己的学习和思考过程有所认知时，他们更容易接受和利用反馈，进而积极调整自己的学习策略和方法。为了使反馈更具实际效果，教师需要确保其内容既具体又明确。例如，当告诉学生需要在某一方面提高时，教师最好能给出具体的建议和方法，而不是简单地说"你需要在这方面做得更好"。通过给予学生具体的操作性建议，教师可以更有效地指导学生如何改进，使他们更有方向感和目的感。此外，反馈的时效性也非常重要。当学生在学习过程中犯错误或遇到困难时，及时的、有针对性的反馈可以帮助他们迅速调整策略，避免在错误的方向上徒劳无功。因此，教师在设计和实施反馈策略时，应尽量确保其及时性。

然而，对于某些需要长期努力和实践的高阶思维技能，单次的反馈可能是不够的。在这种情况下，教师需要考虑如何为学生提供持续的支持和指导。这可能包括定期的跟进、提供额外的学习资源或者与学生一起制订长期的学习计划。此外，教师在为学生提供反馈时，应始终关注学生的情感和态度。积极、鼓励性的反馈可以激励学生持续努力，而消极、批判性的反馈则可能打击他们的自信和积极性。教师需要确保自己的反馈既真实又具鼓励性，帮助学生看到自己的进步，同时也看到自己需要进一步努力的地方。

总之，教师在对学生高阶思维的评估结果解读后，需要采取有针对性的反馈策略和方法，确保学生能够从中获得真正的帮助和指导，从而促进他们的高阶思维技能的进一步发展。教师在对学生高阶思维的评估结果解读后，不仅需要提供具体、明确、及时的反馈，还需要考虑如何为学生提供持续的支持和指导，以及如何关注和引导他们的情感和态度。只有这样，才能确保学生从反馈中真正受益，进而促进他们高阶思维技能的持续发展。

第四节　高阶思维培养评估与反馈教学实践案例

案例：初中物理——杠杆原理的高阶思维评估与反馈

背景：

在完成杠杆的教学单元后，为了检验学生对于杠杆原理的掌握及其批判性思维与创新思维的培养情况，教师决定采用一个更具挑战性的评估方法。

评估任务：

教师在课堂上展示几个关于杠杆的实际应用，例如老式的秤、开瓶器和钳子，接着提出了这样一个问题："假设你被困在一座无人岛上，你找到了一根长木棍和一块扁平的石头，你如何利用这些材料和杠杆原理制造出一个工具或设备以帮助你生存？"

学生被要求进行小组合作，每小组需在30分钟内设计一个方案，绘制模型图，并写下他们的设计如何使用杠杆原理，以及如何帮助他们在荒岛上生存。

评估结果：

一组学生设计了一个简易的渔具，利用木棍和石头作为支点，制成一个长杆，用以夹取远处的鱼。他们解释说这是根据杠杆原理，通过增加木棍的长度来放大力量。

另一组学生设计了一个可以用来摘取高处椰子的装置，利用木棍作为杠杆，石头作为支点，使得他们可以更轻松地将椰子摘下。

然而，也有学生的方案虽然新颖，但未能准确应用杠杆原理。

反馈实施：

教师首先表扬了所有小组的创新精神和合作态度；接着，详细分析了每个小组的设计。

针对性反馈：对于成功并创造性地应用杠杆原理的小组，教师给出了正面的反馈，如"你们真正理解了杠杆的原理，并巧妙地应用在生存工具上"。而对于那些未能正确应用杠杆原理的小组，教师给出了建设性的建议，指出了他们方案中存在的问题，并给出了可能的改进方法。

深度讨论：教师选取了两个有代表性的设计进行深度讨论，一个是完美应用了杠杆原理的简易渔具，另一个则是用于摘取水果的装置，但未能准确应用杠杆原理。

1. 简易渔具的深度讨论

教师首先让这组学生解释他们的设计思路。学生提到他们考虑到了在岛上生存的首要任务是获取食物。而鱼作为一个可靠的食物来源，他们就想到了利用杠杆原理制作渔具。学生描述了杠杆原理如何在他们的设计中应用，简而言之，他们通过增加杠杆（木棍）的长度来增加其对力的放大倍数，从而能够轻松夹取远处的鱼。

教师进一步引导其他学生进行讨论，询问他们对这一设计的看法，是否有其他的应用方式，或者如何进一步优化这一设计。这促使学生们深入思考杠杆原理的多种应用方式，并考虑实际应用时可能遇到的困难和问题。

2. 摘取水果装置的深度讨论

对于这个设计，学生的初衷是制作一个可以轻松摘取高处水果的工具。但在他们的设计中，杠杆的应用并不明确。

教师首先询问该组学生，他们是如何考虑应用杠杆原理的。学生表示他们主要考虑用杠杆来增加自己的臂展，从而更容易够到高处的水果。但在实际应用时，因为没有合适的支点，使得杠杆原理并未得到正确应用。教师指出了这一点，并询问其他学生他们是否能够提出改进的建议。在讨论中，有学生提出可以使用石头作为支点，并将木棍作为第二级杠杆，从而使得摘水果的过程更为稳定和高效。此外，教师还强调了在实际应用杠杆原理时，不仅要考虑增加力的作用，还要注意支点的选择和杠杆的稳定性。

深度讨论不仅使得学生能够更深入地理解杠杆原理，而且鼓励他们进行批判性思考，对于自己和他人的设计提出改进的建议。通过这种方式，学生不仅加深了对物理知识的理解，还培养了他们的高阶思维能力。

家庭作业：在此基础上，教师布置了家庭作业，要求学生根据课堂反馈修正自己的设计方案，并写下他们在这个过程中的感悟。

通过这种评估和反馈方式，学生不仅能够实际应用他们所学的知识，还能在批判性思考、创新思维和团队合作中得到锻炼。而教师也通过这一过程更加清晰地了解了学生的学习情况，为后续教学提供了方向。

第十章 未来展望与挑战：初中物理高阶思维培养的发展趋势

本章对初中阶段高阶思维培养的未来发展方向进行了展望，并分析了其面临的挑战和应对策略。通过对当前状况与趋势的分析，本章提供了关于初中阶段高阶思维培养的未来发展方向的思考和建议。

第一节 当前状况与趋势分析

面对技术飞速发展和全球化所带来的各种挑战，高阶思维已经成为教育领域的一大焦点。特别是在初中阶段，这是学生身心发展的一个关键时期，他们对各种知识和技能的吸收都处于黄金时期。因此，初中这个阶段对高阶思维能力的培养尤为重要。

回顾当前的教育环境，我们可以观察到几个明显的变化。首先，许多国家的教育政策已经开始明确提出加强学生的高阶思维能力培养，希望通过这种方式为未来的社会培养更有竞争力的人才。与此同时，教材也正在发生深刻的变革，从过去重视知识传授向更加强调学生的实践和思维能力培养转变。此外，教学方式也正在经历从传统的以教师为中心到以学生为中心的变革，课堂变得更加互动，更加注重培养学生的主动性和创造性。

展望未来，一些新的发展趋势正逐渐显现。随着科技的日新月异，人工智能、虚拟现实和大数据等技术正在广泛地应用于教育领域，为高阶思维的培养打开了新的大门。这些技术不仅为教学带来了革命性的改变，还使得学生能够获得更加个性化、智能化的学习体验。同时，跨学科学习也正成为教育的一个重要方向。学生不再仅仅局限于单一学科的知识，而是开始在不同学科之间建立联系，培养出更加综合和系统的思维能力。而在全球化的大背景下，学生的教育也开始更加重视培养他们的国际视野和跨文化沟通能力。

结合当前的状况和未来的趋势，我们可以预见，高阶思维在初中教育中的地位将越来越重要。教育者和研究者们应当紧密合作，共同探索最有效的培养策略，确保每个学生都能够在这个时代中茁壮成长。

第二节　未来发展方向

初中物理教育已经不再仅仅满足于传统的知识输送，而是更加注重学生的思维方式、方法和技能的培养。高阶思维的培养尤为关键，因为它关乎学生对于物理知识的深入理解、应用和创新。回顾初中物理教育的发展历程，可以预见未来的发展方向将会是多元化、深入化和技术化的趋势。

首先，从内容上看，未来的物理教育将不仅局限于教科书中的知识。随着科技的飞速发展，很多前沿的物理知识和技术逐渐被引入教学中，如量子物理、纳米技术等。这要求学生具备更高层次的思考能力，能够跟上时代的步伐，理解和掌握新的物理概念和原理。

其次，方法和手段的变革也是未来发展的一个重要方向。随着数字化教学工具和平台的广泛应用，物理教学将更加注重实验、模拟和探究。学生不再是被动的知识接受者，而是主动的知识探索者。他们可以通过模拟实验、在线资源等方式，进行自主学习和探究，培养其高阶思维能力。

再次，教育的个性化和差异化将更加明显。每个学生的认知发展、兴趣和潜能都是独特的，因此教学方法和策略也应该因人而异。智能教育技术可以为教师提供大量的学生数据和分析，帮助他们针对每个学生的特点和需要，设计更有针对性的教学策略，从而更有效地培养其高阶思维能力。

最后，物理教育的跨学科性也将得到进一步加强。物理是一门自然科学，它与数学、化学、生物等其他学科都有着密切的联系。学生需要学会跨学科的思考和整合，将物理知识应用于实际问题中。这样的学习方式不仅能够拓宽学生的知识视野，还可以培养他们的综合分析和创新能力。

初中物理教育的未来发展方向是富有挑战和机遇的。教育者需要不断探索和创新，以适应时代的发展和学生的需求，培养出真正具备21世纪必备能力的物理人才。

第三节　面临的挑战与应对策略

在推进初中阶段高阶思维培养的过程中，我们将面临一系列挑战。只有充分认识这些挑战并采取有效的应对策略，才能更好地促进高阶思维能力的培养。

1. 传统教学模式的惯性

目前，许多学校在教学中仍然采用传统的教学模式，注重知识的传授和应试训练，而忽视学生高阶思维能力的培养。传统教学模式的惯性使得高阶思维培养的策略和方法难以得到充分的应用。

应对策略：

（1）教师专业发展。学校应该鼓励教师进行专业发展，参加高阶思维培养相关的培训和研讨活动，提高教师对高阶思维培养策略和方法的认识和应用能力。

（2）教学资源支持。学校可以提供丰富的教学资源，包括教材、教辅、教学软件等，以支持教师开展高阶思维培养的教学实践。

2. 评估体系的局限性

目前的评估体系主要侧重于对学科知识的考核，对学生高阶思维能力的评估相对较少。这使得学校和教师在教学过程中很难有针对性地促进学生高阶思维能力的培养。

应对策略：

（1）多元化评估方式。学校可以探索多元化的评估方式，包括项目作业、开放性问题、课堂讨论、综合实践等，以全面了解学生的高阶思维能力。

（2）提供有效反馈。及时为学生提供针对高阶思维的反馈和指导，帮助他们发现问题、改进方法，并激励他们继续努力提升高阶思维水平。

3. 学生学习动力不足

培养高阶思维需要学生具备主动学习的态度和动力，但当前许多学生在学习中存在学习动力不足的问题，可能更倾向于应试教育。

应对策略：

（1）设计有趣的学习任务。学校可以设计有趣和有挑战性的学习任务，激发学生的学习兴趣和学习动力。

（2）培养学习兴趣。鼓励学生参与感兴趣的活动和课程，激发他们对知识的好奇心和探究欲望。

4. 教师专业素养和教学质量的不足

高阶思维培养需要教师具备和拥有较高的专业素养和教学质量，但有些教师可能缺乏相应的培训和支持，导致高阶思维培养效果不佳。

应对策略：

（1）提供专业培训。学校应该为教师提供高阶思维培养方面的专业培训，提高教师的专业素养和教学水平。

（2）建设教研团队。学校可以建设高阶思维培养的教研团队，促进教师之间的交流与合作，共同提高教学质量。

5. 家庭教育的影响

家庭教育对学生的发展有着深远的影响，但有些家庭可能对高阶思维培养缺乏认识或关注。

应对策略：

家校合作。学校和家长可以建立积极的家校合作机制，共同关注学生的高阶思维培养，共同制订家庭学习计划，提供学习支持和指导。

面对这些挑战，我们需要全社会的共同努力，包括学校、教师、家长和政府等，共同促进初中阶段高阶思维培养的落地和发展。通过多方合作，我们可以更好地解决问题，推动高阶思维能力的培养工作取得更大的进展。同时，持续的教育研究和实践也将为我们提供更多有益的经验和教训，指引初中阶段高阶思维培养的未来发展。

第十一章 结 语

教学思想是课堂教学的灵魂，是教师教学行为的核心理念和指导思想，涵盖了教师对教育教学的主张、价值观、目标、策略以及学生发展规律等方面的认识和思考。它对教师的教育教学和学生的学习效果产生着深远的影响。

"真、善、美"是学科教育追求的最高境界。物理学通过实验、观察和理论推导，揭示自然界的本质和规律，追求真理和客观性，其本质上表现为"真"；物理学为人类提供了关于自然界的深刻认识和科技支撑，推动了科技和工程技术的发展，对社会进步和人类福祉产生积极影响，其目标上体现出"善"；物理学的本质和规律以及其背后的数学表达都具有美的特质，使人类对自然的美感有更深层次的领悟，其表达上呈现出"美"。所以物理学本身兼具"真、善、美"三重属性。

物理既是一门知识、一门科学；又是一种思维、一种智慧；更是一种精神、一种文化。如果教师关注的仅仅是物理知识层面，那么他充其量只能算是一名"经师"；如果教师在传授物理知识的同时，还能突出物理思维，引导学生去领悟其中的方法和思想，从而提升智慧，那么他就是一位"明师"；如果教师在传授物理知识、思维方法的同时，还能潜移默化地对学生进行物理文化的熏陶，润泽他们的心灵，那么他才称得上是教书育人的"人师"。所以，优秀的物理教师不只是教物理的教师，他们应该是通过物理对世界、人生有着深刻理解的群体。教师授课让学生在学习知识的同时，更要引导他们去探寻知识的渊源，揭示知识的本质，感受物理的美感，从而全面发挥物理的教育价值。

教学之道，道法自然，大道至简，凝练道显。笔者从教近 20 年，躬耕于初中物理教育教学实践和研究，追求卓越，在此基础上凝练了"知理·智理·致理"（以下简称"3Z 物理"）教学思想，以之指导教育教学实践和教研活动。

一、"3Z 物理"教学思想的内涵

1. 概念界定

"知理·智理·致理"旨在引导学生"穷理以致其知",通过深入探究事物的原理,学习和掌握其知识和内在规律;然后从"知理"进阶到"智理",从知识的掌握到智慧与思维的生成;待智慧与思维的生成后,"反躬以践其实",亲身付诸实践,将理论运用到实际生活中;最终达到从"智理"上升到"致理"的愿景,即深刻理解物理规律、物理精神和物理文化的境界,居敬者所以成始成终也!

它包含了知理(知识的学习和掌握)、智理(智慧、思维的生产和实践)和致理(对物理规律、物理精神和物理文化的深刻理解)三个层面,见图11-1,强调了学科知识、思维能力实践和精神文化的有机结合,培养学生全面发展和创新能力。

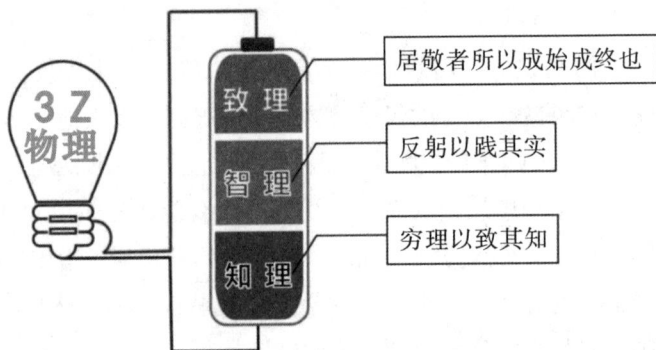

图 11-1   "3Z 物理"概念图

2. 内涵释义

"3Z 物理"教学思想是笔者对教育哲学、教学理解和追求、物理学科特点以及多年教学实践的深刻思考和总结。其中,"知理"强调通过学习和掌握物理学科的基本知识和规律,让学生对自然界的本质有深刻认识,理解科学的客观性和真理性。"智理"着重培养学生的思维能力,引导他们在学习中不仅掌握知识,更重要的是学会运用知识解决实际问题,培养独立思考和创新意识。

而"致理"则指向更高的境界，即使学生在理解和运用物理知识的同时，也能感受到物理学的美感和文化内涵，培养学生对物理精神的热爱和对科学的追求。

（1）"知理"可以理解为"知、理"两个词的结合，指的是学生通过学习和掌握物理学科的基本知识和规律，对自然界的本质有深刻认识，理解科学的客观性和真理性。在"3Z 物理"教学思想中，"知理"是其前提部分，为学生的学习和思维提供了坚实的基础。

具体来说，"知"强调学生学习和掌握物理学科的知识内容。这包括学习物理学的基本概念、原理、公式和规律，了解自然界中物体的运动、能量等基本现象和规律。学生通过学习物理知识，能够了解和解释日常生活中的自然现象，对世界有更深刻的认识。

"理"则强调学生理解和运用物理学知识的能力。这包括理解物理学的基本原理和推导过程，学会运用物理学知识解决实际问题。理解是对知识的深入思考和探索，是将抽象的物理概念和现象与具体的实际问题相连接的过程。通过理解，学生能够将所学的物理知识应用到实际问题中，提高解决问题的能力。

在教学实践中，教师通过启发式教学、实验教学等方式，引导学生主动探索和理解物理学的知识。同时，教师注重培养学生的自主学习能力，鼓励他们主动获取知识，激发学生对物理学的兴趣和求知欲望。

总体而言，"知理"是培养学生物理学知识和理解能力的重要环节，它为学生在学习物理学的过程中打下了坚实的基础，也是学生进一步追求"智理"和"致理"的基础。通过深入学习和理解物理学的知识，学生能够培养扎实的学科素养，为掌握物理学的智慧和文化奠定基础。同时，"知理"也是培养学生科学精神和探索精神的重要途径，能够激发学生对科学的兴趣和热爱，为学生全面发展和创新能力的培养提供了有力支撑。

（2）"智理"是学生在"知理"的基础上进阶的阶段，它强调学生在掌握物理知识的同时，要培养和发展智慧与思维能力，使其能够在实际问题中运用所学的知识，形成独立的思考和创新探索能力。

在"智理"阶段，学生不仅要了解物理学科的基本概念和原理，更重要的是培养智慧。智慧是指学生在学习和实践中，能够运用所学的物理知识解决问题，提出新颖的见解和解决方案，形成独立的思考和判断能力。智慧的培养不仅是知识的应用，更是对知识的深刻理解和创造性运用。

在"智理"阶段，需要培养和发展学生各种思维能力。这包括逻辑思维、推理能力、问题解决能力、创造性思维等。通过学习物理，学生可以锻炼自己的思维能力，培养敏锐的观察力和思考力，提高问题解决的效率和质量。

"穷理以致其知，反躬以践其实"，与辩证唯物主义认识论所讲的"实践是认识的基础：实践是认识的唯一来源，实践是认识发展的动力，实践是检验认识的真理性的唯一标准，实践是认识的最终目的和归宿"不谋而合。在"智理"阶段，学生更重要的是将智慧与思维运用到实际生活中。通过实践，学生可以验证和应用所学的理论知识，进一步巩固和加深对物理学科的理解。实践是培养学生创新能力和动手能力的重要途径，使学生在实际问题中能够运用所学的知识，解决现实生活中的挑战。

在教学实践中，教师应该注重培养学生的智慧和思维能力。通过启发性问题、案例分析等方式，激发学生的思考和探索欲望，引导他们主动思考和解决问题。同时，教师也要鼓励学生进行实践活动，让他们将理论运用到实际中，增强学生的实际动手能力。

总体而言，"智理"是学生在"知理"的基础上进阶的阶段，它强调学生要在掌握知识基础上，培养智慧与思维能力，形成独立思考、创新探索的能力。通过培养学生的智慧和思维能力，学生能够在知识的基础上拓展和发展自己的能力，形成独立思考、创新探索的能力。同时，"智理"也是学生全面发展和创新能力培养的重要环节，它为学生追求"致理"的目标打下了坚实的基础。通过智慧和理解，学生能够更好地理解物理学的本质和精神，为学生形成真、善、美的素质提供了有力支撑。

（3）"致理"是"3Z物理"教学思想中的最高境界，指的是学生对物理学科的深刻理解和全面把握。在这一阶段，学生已经不仅仅停留在对物理知识的了解和掌握，也不仅仅拥有智慧与思维能力，而是通过深入学习和实践，对物理规律、物理精神和物理文化有了全面而深刻的认识。

学生在"致理"阶段，不仅了解了物理学科中的各种规律和定律，更重要的是能够深入理解这些规律背后的本质和原理。他们能够通过透彻的思考和探究，揭示事物间隐藏的联系和规律，从而对物理学科有着更深层次的理解。

物理学科作为一门科学，有着独特的精神和方法论。学生在"致理"阶段，能够领悟这种科学精神，如严谨性、实验精神、探索精神等。他们在学习和实践中，不仅遵循科学的方法和规范，还能够在思维和行为上体现出物理学科的精神特质。

物理学作为一种文化，有着悠久的历史和丰富的文化内涵。学生在"致理"阶段，能够对物理学科的历史、发展和重要人物产生较全面的了解，了解物理学科在人类文明进程中的地位和作用。同时，他们也能够欣赏和感受物理学科所带来的美感和启示，从而在心灵上得到涵养。

在教学实践中，教师应该鼓励学生不仅仅满足于对物理知识的学习，更要引导他们深入思考和探究，透过物理现象背后的本质，形成对物理规律的深刻理解。同时，教师还要通过讲授物理学科的历史和重要人物，让学生了解物理学科的文化内涵，从而提升学生对物理学科的热爱和认同。

总体而言，"致理"强调学生对物理学科的深刻理解和全面把握，包括对物理规律的深入认识、对物理精神的领悟和对物理文化的涵养。通过培养学生对物理学科的"致理"能力，学生可以更好地领悟物理学科的本质和价值，形成真、善、美的素质，为自身的全面发展和未来的发展奠定坚实的基础。

3. 主要观点

（1）教育的本质在于促进个体的成长和发展，通过传授知识、培养技能、塑造价值观和培养思维能力，使学生在不断学习和实践中获得全面发展。教育旨在激发学生的潜能，引导他们认识世界、认识自我，并逐步成为有独立思考能力、具有创新意识、负责任的社会成员。物理教师学科育人旨在培养学生的综合素质和能力，让他们成为具有创新精神、责任心和批判性思维的全面发展的个体。这不仅有助于学生在学业上取得成功，更重要的是让他们成为对社会有益的有品质的人。

（2）教师对学生的认知观察和理解是教师教学过程中至关重要的一环，因为了解学生的情况有助于教师更好地调整教学策略，因材施教，最大程度地满足学生的学习需求和发展需求。笔者结合自身近20年的初中教育教学经历，将初中阶段学生认知发展总结为：

①认知能力的提升。在初中阶段，学生的认知能力得到显著提升。他们开始具备抽象思维的能力，能够理解更加抽象和复杂的概念，同时开始运用逻辑推理和问题解决的策略。这种认知能力的提升为学生更高层次的学习和思维活动奠定了基础。

②自主学习能力的发展。初中阶段的学生逐渐培养起自主学习的能力。他们开始学会自我规划学习任务，制定学习目标，并能够采用不同的学习策略。这种自主学习能力的发展使得学生在学习过程中更加主动和自发，能够更好地适应高中和大学的学习要求。

③知识的积累和整合。初中阶段学生的学科知识开始不断积累，他们学会将不同领域的知识进行整合，形成更加全面和综合的认知结构。这种知识的积累和整合为学生在解决实际问题和应对复杂情境时提供了更强大的认知支持。

④对他人和社会的理解。随着年龄的增长，初中生开始更加关注他人和社会问题。他们的社会认知能力得到发展，能够更好地理解他人的情感和想法，并开始思考社会问题和公平正义等议题。

⑤孤立思维向合作思维的过渡。初中阶段学生的思维方式从孤立、以自我为中心逐渐过渡到合作思维。他们开始更多地与同伴进行合作学习，能够在集体中开展讨论和团队项目，这种合作思维对于培养学生的团队合作能力和沟通能力非常重要。

⑥对未来的规划。初中生开始对未来有更多的规划和设想，包括对职业的展望和学业规划。他们开始思考自己的兴趣爱好和职业志向，并为实现这些目标制订初步的计划。

（3）"以任务为驱动"。通过以任务为驱动的教学方式，学生将学习和实践相结合，从抽象的理论转向具体的实际应用，使学习内容更加贴近生活和社会。这有助于提高学生对学习的主动性和主观能动性，让他们在实践中体验学习的乐趣和成就感。以任务为驱动的教学可以采用项目学习、问题解决、探究性学习等多种教学模式，让学生在实际操作中获得新知识，解决实际问题，提升解决实际问题的能力和创新思维。

（4）"以思维为核心"。杜威在《我们如何思维》一书中提到：学习就是学习思维。科学思维是每个学生必备的基本素质，初中物理教学的核心使命，就是培养学生的科学思维。在以思维为核心的教学中，教师注重培养学生的批判性思维、创造性思维和解决问题的思维能力。教师通过启发式教学、探究式学习和开放性问题等教学方法，激发学生的好奇心和求知欲，培养他们主动探索和解决问题的能力。这种教学理念要求学生在学习过程中不仅要掌握知识，更要理解知识背后的原理和规律，培养学生的学科思维和学科精神。学生不再仅仅是被动接受知识的接受者，而是变成了主动思考和探索的参与者。以思维为核心的教学也注重学生的自主学习和自主思考。教师通过设立适当的学习任务和问题，鼓励学生自主思考和探索，从而培养学生的自主学习能力和解决问题的能力。

（5）"以文化为引领"。在教学中，教师将培养学生对物理学科文化的理解和认同作为教学的引领方向，强调在传授物理知识的同时，注重传承和弘扬物理学科的核心价值观、学科精神和文化传统，培养学生对物理学科的兴趣和热爱。在以文化为引领的教学中，教师会通过讲授物理学科的历史、发展和重要学者的故事，让学生了解物理学科的渊源和发展历程，激发学生对物理学科的兴趣和好奇心。同时，教师会引导学生认识物理学科的价值和意义，以及物理学在解释自然现象、推动科技发展和改善人类生活中起到重要作用。将物理学科作为一种文化传承给学生，让他们在学习物理的过程中不仅仅是获得知识，更是接受物理学科文化的熏陶，增强学生对物理学科的认同感和自豪感。

二、基于"3Z 物理"的教学实践

1. 提出"以任务为驱动，以思维为核心，以文化为引领"的教学主张

"以任务为驱动，以思维为核心，以文化为引领"的教学主张是基于"3Z 物理"教学思想的内涵和目标而提出的（见图 11－2），旨在综合发展学生能力，培养创新思维，弘扬物理学科文化，提高学习动力和学习兴趣，从而实现优质的物理教学和学生全面发展的目标。

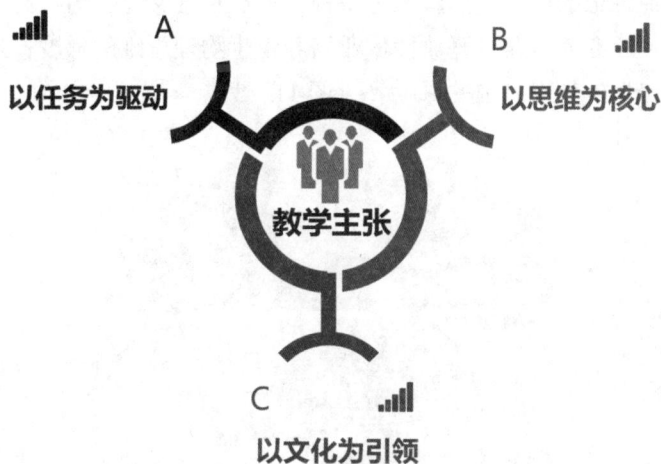

图 11－2　我的教学主张

（1）综合发展学生能力。以任务为驱动能够让学生在解决实际问题的过程中，运用所学的物理知识和思维方法，培养学生的动手实践能力和问题解决能力。通过以任务为驱动的教学，学生将在实际情境中体验物理学科的应用和价值，从而更加深入地理解和掌握物理知识。

（2）培养创新思维。以思维为核心强调培养学生的创新思维和批判性思维。在教学中，教师应该引导学生思考问题的不同角度和解决问题的多种方法，激发学生的创新意识和能力。这种思维的培养不仅有助于学生在物理学科中取得好成绩，更能培养学生在其他学科和生活中的思维能力。

（3）弘扬物理学科文化。以文化为引领意味着在教学中将物理学科的文化价值融入其中。教师通过讲述物理学科的历史、发展和重要学者的故事，让学生了解物理学科的渊源和价值。通过引导学生认识到物理学科在解释自然现象、推动科技发展和改善人类生活中的重要作用，培养学生对物理学科的认同感和自豪感。

（4）提高学习动力和学习兴趣。"以任务为驱动、以思维为核心、以文化为引领"的教学主张能够激发学生的学习动力和学习兴趣。通过让学生参与实际任务，培养学生的主动学习意识；通过培养创新思维，激发学生对物理学科的好奇心和热爱；通过弘扬物理学科文化，增强学生对物理学科的认同感，从而促使学生更加主动、积极地参与学习。

2. 构建"一核四维度"初中物理思维培养路径

"一核四维度"初中物理思维培养路径，是以思维为核心，通过学史明理培养学生物理思维的广度，理解物理精神，形成物理文化；通过有声思维培养学生物理思维的准度；通过开放性作业培养学生物理思维的梯度；通过大单元整体教学培养学生物理思维的深度（见图 11 - 3）。

图 11 - 3　"一核四维度"初中物理思维培养路径

（1）学史明理培养学生物理思维的广度，理解物理精神，形成物理文化。

物理学家列纳德·蒙洛迪诺（Leonard Mlodinow）在《思维简史》一书里说：物理学的发展史就是一部科学思维的发展史。物理学史不仅仅是关于物理学科发展变化的过程，更包含着历代物理学家的探索方法和思维方式，通过学习物理学史可以有效帮助学生形成物理思维，拓宽思想维度，理解物理精神，发展"致理"境界。

什么是物理精神？物理精神就是物理学家在认知过程中形成的独立人格精神，简单说就是物理学家如何"做人"。物理学家们在认知世界的过程中发明了大量有效的方法，形成了物理方法，利用这些物理方法，物理学家构建了对世界的认知，而认知的过程和结果又深刻影响了物理学家自身的行为和思想，认知者会反省自身，形成对自身的约束和要求，形成了物理精神，物理方法和物理精神构成了物理文化，这深深影响了人类的发展进程。在学生初次接触物理这个学科的时候，我们在初二年级的第一节物理课上引入物理学史的教学，不仅能够激发学生对物理学的兴趣，还能帮助他们理解科学的本质和发展过程。让学生写出自己心目中的伟大物理学家（见图 11 - 4），并进行分享和讨论，学生能够更深入地了解这些伟大科学家的贡献和影响，从而树立榜样，激发他们追求物理精神和创新能力的动力。

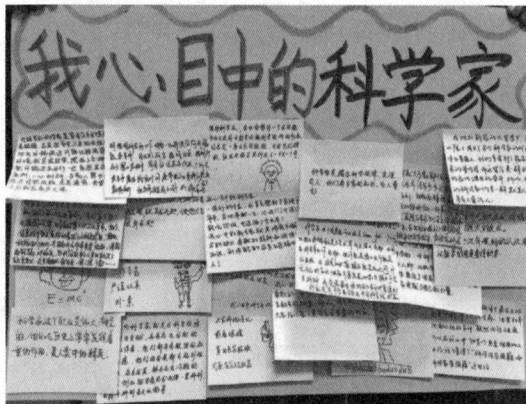

图 11 - 4　我心目中的物理学家

通过学习物理学史，我们能够了解科学的发展过程，科学家的思维方式以及科学方法的演变。这有助于学生更好地理解物理学的基本原理和科学思维的形成，培养他们的批判性思维、探究精神和跨学科思维能力。

（2）有声思维培养学生物理思维的准度。

有声思维是指学习者运用学科语言，口述解决问题的思维过程，是一个通过思维活动显性化来进行思维诊断的过程。只有全面了解学生的完整思维过程，找准思维误区、盲区，才能更有针对性地培养学生的物理思维。

（3）开放性作业培养学生物理思维的梯度。

作业是巩固知识、提高能力、发展思维的平台，是教与学交互活动的主要形式。作业是培养学生物理思维的一个重要环节。开放性作业主张主体的参与、时间的开放、形式的多样、层次的多元和评价的多维。与常规纸笔作业相比，开放性作业更容易做到因材施教，在创造性的作业过程中，更有利于培养学生的物理思维培养。

（4）大单元整体教学培养学生物理思维的深度。

传统的单课时教学容易造成教学目标割裂、知识无法有效融合，不利于学生知识体系的构建，这直接影响到学生学科能力的培养和学科核心素养的发展。在"双减""双新"背景下，我们必须打破单课时教学的束缚，通过整体规划，将关联性的知识重组为基于一定主题的大单元，将零散的知识结构化，将物理观念、学科能力和学科思维方法展现并提炼出来。如何打通知识到素养之间的壁垒，大单元整体教学就是撬动课堂转型的一个支点。

三、追寻"求真、至善、达美"的教育愿景

从"知理·智理·致理"教学思想的凝练，到"以任务为驱动，以思维为核心，以文化为引领"教学主张的提出，我们追寻的是"求真、至善、达美"教育愿景。如何才能体验到物理之美？如何才能打开创造力的源泉？一个人是否受到了真正的物理训练，关键要看是否具备了物理学思维或科学思维。有了物理学思维，才能真正体会到世界之美，也才会痴迷于科学研究。简洁的物理公式、巧妙的实验设计、解决问题的奇思妙想，都极具理性的魅力。有物理学思维的人有共同的交流基础，都认同科学的逻辑，对充分、必要、假设、完备、自洽、唯一性等概念能够自觉遵守与运用，比较容易达成共识。

在教学实践中，教师通过知识的传授、思维的培养和文化的熏陶，引导学生探寻物理学的真理，追求科学的客观性和真实性；同时，教师引导学生运用物理学的知识和方法解决实际问题，推动科技进步和社会发展，体现物理学的善；最后，通过培养学生对物理学美感的感受和理解，让学生从心灵深处体会到物理学的美，追求科学与人文的融合，达到物理学的美的境界。在这个过程中，我们不仅是一名教授物理的老师，还是一个通过物理对世界、人生有着深刻理解的人师。

最后，引用穆良柱老师在《什么是物理及物理文化?》中的一段话作为本

书的结尾：物理教育的价值还在于，一旦学生通过物理教育具备了认知能力，就可以对世界认知，形成世界观，对人生认知，形成人生观，对什么是重要的认知，形成价值观。一旦有了独立的认知，就不再会轻信他人，这时就具备了怀疑和批判的能力，会了解自己想做什么，能做什么，会独立选择该做什么，不该做什么，只有这样才能成为有独立的人格。这正是蔡元培先生说的"人格"教育的基础，没有认知能力，不可能奢谈人格。因为这些认知能力，人才具备了基本尊严。为什么要用物理的认知方式？因为这是迄今为止人类最有效的认知方式。

希望能有更多的人理解什么是物理及物理文化，从而在物理教学中传播物理文化，在物理研究中发展物理文化，在政策制定中保护物理文化，在国民大众中普及物理文化。

参考文献

[1] 杜一帆. 物理学史在初中物理教学中的应用研究 [D]. 郑州：河南大学，2022.

[2] 马剑辉. 小学英语阅读教学中促进学生高阶思维发展的探究 [J]. 中小学外语教学（小学篇），2023，46（1）：1 – 7.

[3] 吴婕妤. 运用物理学史强化初中生科学态度与责任的教学实践 [D]. 呼和浩特：内蒙古师范大学，2023.

[4] 陈红霞. 初中物理教学中渗透物理学史的现状调查研究 [D]. 兰州：西北师范大学，2013.

[5] 孙军法. 高中力学深度融合物理学史的案例开发 [D]. 广州：广州大学，2020.

[6] 周莹，冯华. 深度学习视域下的单元教学任务设计：以初中物理为例 [J]. 基础教育课程，2021（8）：56 – 61.

[7] 陈克超，冉洁，戴浩. 基于课程标准之高中物理大概念解读与建构 [J]. 物理教师，2020，41（9）：11 – 14.

[8] 孙重阳，魏爱民. 大观念、大主题、大过程：指向化学核心素养的单元教学设计与实践 [J]. 中学化学教学参考，2018（21）：6 – 9.

[9] 杨玉琴. 核心素养视域下的单元教学设计：内涵解析及基本框架 [J]. 化学教学，2020（5）：3 – 8，15.

[10] 穆天云. 高中数学主题教学设计实践研究 [J]. 中学课程辅导（教师教育），2019（8）：72.

[11] 康星歌. 基于"教、学、评"一体化理念下的高中化学单元整体教学设计与实践 [D]. 赣州：赣南师范大学，2023.

[12] 房涛. 核心素养导向下的大单元教学 [J]. 湖南教育（B版），2022（9）：28 – 30.

[13] 龚胜强. 关注"人的发展"："核心素养"观下学校教育的召唤 [J]. 中学课程辅导（教师教育），2016（20）：3 – 4.

［14］张文康，杨芹. 高中数学单元教学设计之我见［J］. 中学课程辅导（教师教育），2017（5）：61－62.

［15］彭小仁. 基于核心素养的高中化学学历案的设计与应用研究：以《铁 铁合金》单元为例［D］. 海口：海南师范大学，2023.

［16］刘晓玫. 数学深度学习的教学理解与策略［J］. 基础教育课程，2019（8）：33－38.

［17］陈玉凤. 数学"说题"活动，还解题于学生：一道试题的讲评实录［J］. 数学之友，2016（4）：84－85，88.

［18］陆亚芳. 说题：提升学生物理自主学习能力的实践研究［J］. 新课程，2016（5）：137－143.

［19］孟祥峰. 高中数学开放性作业的探索研究［D］. 济南：山东师范大学，2013.

［20］杜学花. 在初二物理教学中教学案一体化的实施对教学效果影响的研究［D］. 天津：天津师范大学，2011.

［21］陈凤英，郑兰琴，韩雪. 馆校结合 STEAM 学习活动设计：以"光的反射"为例［J］. 自然科学博物馆研究，2017（A2）：11－20.

［22］鲁世明. 回归物理教学本原，促进学生主动发展：我的物理教学主张与追求［J］. 教育视界，2018（23）：52－54.

［23］吴加澍. 中学物理教师的学科教学知识［J］. 物理教学，2012，34（12）：4，5－10.

［24］吴加澍. 从优秀走向卓越：物理教师的三项修炼探微［J］. 中学物理教学参考，2011，40（6）：2－5.

［25］穆良柱. 什么是物理及物理文化？［J］. 物理与工程，2019，29（1）：15－24.

［26］穆良柱. 物理课程思政教育的核心是科学认知能力培养［J］. 物理与工程，2021，31（2）：9－15.

［27］郭九苓，朱守华. 北大物理教育发展报告［J］. 大学物理，2020，39（6）：1－13.

［28］吕建平. 系统了解物理学史是形成科学思维的有效途径［J］. 新课程，2020（7）：92－93.

后 记

随着笔尖缓缓停下，回想起《攀峰悟理——初中物理高阶思维培养研究与实践》从构想到成稿的每一步，心中充满了感慨。本书不仅记录了我对于初中物理教育的深入研究与探索，更承载了对下一代成长教育的深深期望。

在当前这个时代，随着科技和全球化的步伐日益加速，人们对知识的掌握和对技能的应用要求越来越高。教育，特别是基础教育，其意义已不再仅仅是传授知识，更关键的是培养学生的思维方式、创新能力和解决问题的能力。物理，作为自然科学的核心学科，其背后所蕴含的逻辑推理、实验探索和严谨的科学态度，无疑为培养学生的高阶思维提供了绝佳的平台。

在本书的写作过程中，我与我的学生、物理教育同仁乃至教育专家学者进行了深入的交流。从他们身上，我看到了对知识的热爱，对探索的热情，以及对未来的期待。我为之感动，也为之鼓舞。这种与真实教育一线紧密相连的经历，使得本书不仅是理论与策略的结合，还注入了对初中物理教育的真实关注和热切期望。

在书中，我们探讨了如何在日常教学中培养和激发学生的高阶思维，从理论到实践，从评估到反馈，每一步都尽可能地贴近实际，希望为广大教师提供具有指导意义的参考。同时，书中所探索的内容不仅仅局限于物理学科，其背后的教育哲学和策略也可应用于其他学科，乃至整个教育领域。

当然，书中的内容和观点并不是探索的终点，而是一个启迪性的开端。随着时间的推移和教育实践的不断深化，我们有理由期待涌现出更多新颖的认知与发现。我期望这本书能够激发更多的教育工作者携手并进，共同开拓初中物理教育乃至整个基础教育领域的新篇章。

在此，我要感谢所有支持和帮助过本书创作的人。感谢我的家人，他们的鼓励和支持是我坚持到底的动力；感谢我的同事和学生，他们提供的宝贵意见和建议使本书更加完善；感谢每一位读者，你们的关注和期待让我有了继续前行的勇气。

希望本书能够为初中物理教育者提供一些有益的思考和实践经验，能够在培养学生高阶思维能力的道路上，为大家带来一些启示和帮助。让我们共同为初中物理教育的繁荣和进步，为下一代的成长和未来，努力前行。

愿我们共同追求教育事业的更高峰，攀登新高度！

罗卓君
2024 年 3 月于广州